やくみつるが訪れた国

訪れた国（本書に登場）　訪れた国（本書掲載以外）　※利奈子夫人単独訪問国を含

訪れていない国

やくみつるの
エキセントリック・ジャーニー

Eccentric Journey
Yaku Mitsuru

〈文・画〉やくみつる

地図情報センター発行／帝国書院発売

目次

3

南洋、アフリカ獅子奮迅篇

2000～2002

4

ベトナム、カナダ驚天動地篇

2002～2004

ヤバニー
ヤバニー
なぜ日本人とバレてるのか。むしろ不満。

5 ときどきオカン、東奔西走篇 2004

6 日本あちこち大物産展篇

＊本書掲載の物品は、現在では販売されていないもの、入手が不可能なものが含まれます。

＊本書にある名称・数値等の記載内容は、旅行時のものです。

まえがき

二〇二二年一〇月から、『クレイジージャーニー』（ＴＢＳ系）の放送が復活した。放送中止前から出演していた常連組の猛者《もさ》たちの相変わらずのクレイジーっぷりに感心するやら呆れるやら。とても常人にはマネのできない旅ばかりだ。

ところが、私はそんな「常人」でありながら、好奇心だけはいっちょマエに旺盛なものだから質《たち》がよろしくない。危険な目には遭いたくもないし、なるべく無茶もしたくない。が、一方でなかなか足を運べぬような土地をせめてのぞいてみたいと思い、同好の士であるカミさんとともに世界のあちらこちらへ旅をするようになった。

幸いなことに日本にはアフリカや中近東、中南米などいわゆる開発途上国へのツアー旅行を催行してくれる、奇特な中小の旅行会社がいくつかある。語学も心許《もと》なく、パソコンすら扱えぬ私どもは必然的にそのような会社が企画、募集する団体ツアーに参加することが多い。本書に記した旅の三分の二はそのようなツアーの体験記になる。

最近では、ことに若い衆など航空券も宿泊先も個人で手配し団体ツアーを煙たがる向きもあるが、実はツアーもそう悪いことばかりではない。もちろん参加者の安全第一。クレイジーな内容であるはずもないし、個々人の自由度もかなり限られてしまう。けれど一方で何より楽チンだし、訪れた土地の観光と並行して参加者を観察、見物する妙味もある。後者はかなり重要な要素で、回を重ねるごとにそちらに重きを置くようになり、むしろ団体ツアーの方がワクワクするようにさえなってしまった。特に参加者中にさまざまな種のワガママなモンスター客がいたりすると俄然、旅そのものの楽しさが増す。本文にも書いたイエメン、スーダン旅行では集合場所の成田空港でいきなり旅行会社のスタッフを泣かせたモンスターがいて、あのときはこの先いかなる悶着を起こしてくれるのだろうと胸の高まりを禁じえなかった。

　そして私ども夫婦には揃ってやたらとモノを蒐《あつ》める癖《へき》がある。一様に旅慣れた人ほど土産物などは購入しないものだが、私どもは逆。現地での仕入れ業者もかくやと思われるほど買いまくる。それも他愛もない安物の土産品ばかりで、ブランドもののバッグや宝飾品を買い漁る層とは相容《あいい》れない。「お化けと出モノは二度出ない」というカミさんの格言を信奉し、見つけたモノは旅の初日からでも買う。否、往路の乗り継ぎ経由地の空港売店であろうが蒐集ジャンルのモノを発見すれば躊躇しない。それが割れ物だったり嵩《かさ》張るモノだったりすると、旅程中ずっと気を遣わねばならないハメになるが、それをも承知で買う。あるいは陸路移動中にほんの一〇分ほどのトイレ休憩のために立ち寄ったガソリンスタンドや、街道沿いの食堂などでも探索を怠ることはない。後から振り返って、そこが唯一の機会《チャンス》だったなどということはいくらでもある。

　そうして買い蒐めたモノどもを、旅の記録とともに陳列してみたのが本書というわけだ。

　構成は地理に因んだ書籍の常として、地域別にまとめる案もあったが、あえて編年の形式をとることにした。その方が旅慣れるにしたがって〝征服〟版図をひろげる様子も伝わるのではないかと思う。

　結果として初期に訪れた三〇数ヵ国と、最終章に日本篇（九州・沖縄、四国、中国）を加えての一巻となった。至極単純な構成ではあるけれど、まぁ、撮影に供するモノどもの選定、蔵出し、梱包、搬出はエラい作業を伴った。どうか同情的な目でご高覧を――。

やくみつる

1 出発から疾風怒濤篇 *1989〜1996*

本篇で訪れた国

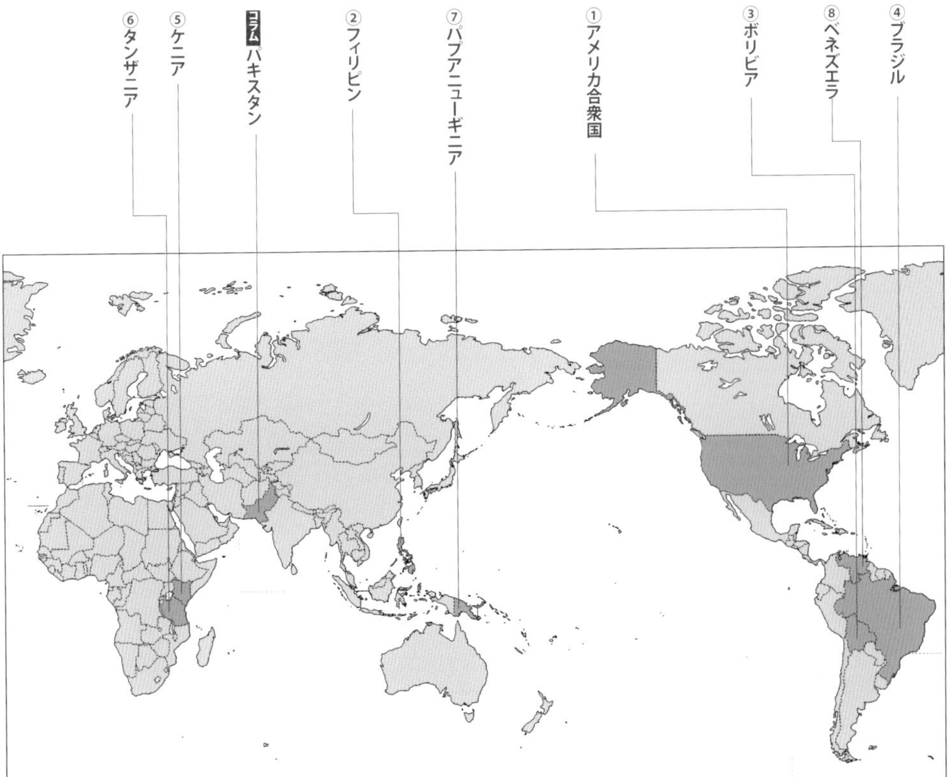

①初海外！魔都ニューヨークとクーパーズタウン

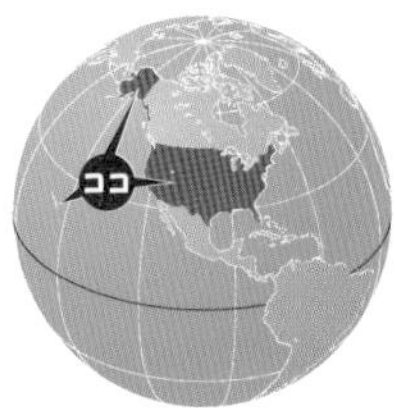

1989.9

アメリカ合衆国

成田➡ニューアーク

初めての海外旅行は一九八九年九月、三〇歳のとき。少々遅い海外デビューかもしれない。

時代はバブルまっ只中、雑誌業界も電子メディア登場前の最後の光を放っていた。私がプロ野球を題材に四コマ漫画を連載していた中堅出版社Tもずいぶんと景気がよかったようで、野球の本場ニューヨークと〝野球発祥の地〟とされるクーパーズタウンの取材旅行を企画してくれた。

担当編集者M氏、ライターN氏、そして私。いずれも海外初体験でいきなりの魔都ニューヨークは無謀であったか。到着した日の夜、M氏がいきなりマンハッタンの路上でワインボトル当たり屋の被害に遭《あ》い、手持ちの$《ドル》を巻き上げられる事件発生。

にもかかわらず、こんなことがあるのもニューヨークとばかり、三人は揚々と初海外を満喫する。エンパイアステートビル、自由の女神像、そして今はなきワールドトレードセンターetc.。往年のMGMミュージカル映画『踊る大紐育《ニューヨーク》』に登場する三人の水兵（フランク・シナトラ他）よろしく、おのぼりさん感全開で見物してまわる。

さらに現地在住のご婦人の運転でニューヨーク州の中ほどにあるクーパーズタウンの野球殿堂博物館へ。野茂英雄投手がメジャーに挑戦する六年前の話。館内の展示における日本人の痕跡は阪急（現オリックス）山森雅文外野手の本塁打性打球好捕のシーンがファインプレー集映像に組みこまれていたのみ。

その後、続々と挑戦していった日本人メジャーリーガーの活躍を誰が想像できたろうか。それこそ今では球史を塗り替えつつある大谷翔平はじめ、イチローや松井秀喜、田中将大らの功績がどのように紹介されているのだろう。改めて訪れてみたい野球の聖地である。

エンパイアステートビル展望台入場券
大恐慌直後の 1931 年竣工。86 階と 102 階にある展望台は米国内はもとより、世界中からのおのぼりさんで賑わう。

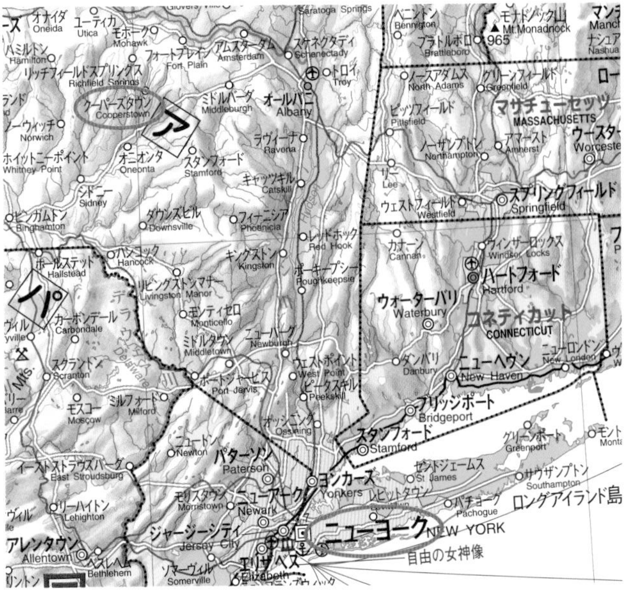

ニューヨーク州中部、“ベースボールの聖地”クーパーズタウンへは車を飛ばしても 5 時間はかかる。
『最新基本地図 2023』1 : 4 000 000（帝国書院）

ニューヨーク遠景のチョコレート
ワールドトレードセンター在りし日のニューヨーク遠景をあしらったチョコレートの外箱。以後、土産用チョコ外箱コレクションへと発展する。今となってはかなりの貴重品か。

オークランド･アスレチックスのキャップ
野球殿堂博物館のメジャーリーグショップで購入。単純に色合いで選んだ。

ニューヨーク摩天楼ペインティングＧジャン
初海外旅行で浮かれていたとしか思えぬ買い物。鏤《ちりば》められたアクリル宝石がゴージャス感を添える。500$ は下らなかった記憶が……。

やく一行、ブロードウェイ初上陸の図（目もあてられぬ浮かれっぷり）。

「テキサス帝国　名誉市民証」

これまで公にすることはなかったが、私とカミさんはテキサスの名誉市民である。といってももちろん公式なものではなく、ヒューストンの土産物店で市販されているジョーク商品。テキサス州住民の署名が入ることで発効（?）する。ヒューストン・インターコンチネンタル空港のラウンジのおねえさんが快く署名してくれた。

合衆国大統領関連グッズ

左端J・F・ケネディは何と1960年代日本製。上段左よりジョージ・ブッシュJr.、オバマ、トランプ前大統領、下段はクリントン元大統領及びヒラリー夫人、元大統領と某関係者。バイデン大統領は未入手。高さ4.5cm～12.7cm

② 初のアジア旅
セブ島とマニラで
慷《こう》慨《がい》しきり

　早稲田大学漫画研究会ＯＢの国友やすゆき先輩（故人）が募ったセブ島ツアーに参加。二度目の海外旅行は人生初の「熱帯」を味わう旅だった。

　セブ島までフィリピン航空の直行便で所要五時間。現地に降り立った瞬間のモワッとした空気の感触が何より印象に残る。迎えの車輌を待つ部屋の壁は、籐のような植物を編んだもので、そこに夥《おびただ》しい数のヤモリがへばりついている。これが熱帯というものかと、いたく感激。

　が結局、熱帯気分を味わったのはこのときくらいで、滞在期間中は概《おおむ》ね天候がパッとせず、むしろ肌寒い日が続いた。そのためにビーチリゾートでありながら海に浸かることも一切なく、ただ漫然と過ごすこととなる。まぁ、もともとマリンスポーツには興味がなく、これが熱帯時間のつぶし方と心得ていたように思う。

　このフィリピン行で見知ったのは、やはり開発途上国の厳然とした貧富の差であった。この旅行でマニラの当時のスモーキーマウンテンまで見たわけではないが、その差はあまりにもあからさまで、後々「何かせにゃ」と発起させる動機づけとなる。

1990.1

フィリピン
成田⬇セブ／マニラ

　セブ島泊最終日は同島中心部の高層ホテルに泊まった。見晴らしのよい高層階の部屋から窓外を見遣ると、ホテルの直下にもバラックがひしめいている。あそこの住民の方は一生、この熱々《あつあつ》のシャワーを浴びることもないのだろうかと思いを巡らせたりもした。

　かたや、帰路の市内観光で訪れたマニラの超高級エリア。街区の入り口には守衛所があり、人物の出入りを厳しく監視。充分な距離をあけて建つ豪邸は、東京の松濤《しょうとう》や田園調布の邸宅もちっぽけに思えるほど。これ見よがしの高級車はそんなに台数必要か？

　斯様《かよう》な社会はやはり合点がいかないと、慷慨しきりであった。

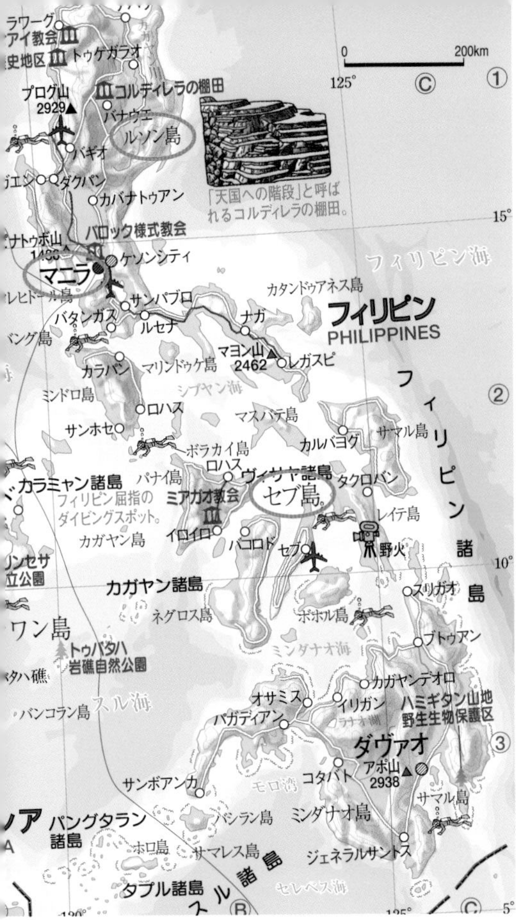

セブ島はフィリピン中部、ヴィサヤ諸島のひとつ。フィリピンでは面積第9位（4468㎢）の島。

『旅に出たくなる地図　世界』（帝国書院）

フィリピン全土をあしらったペン皿

後々、「国の形グッズ」蒐《しゅう》集へとつながる。

真鍮《しんちゅう》製ミニチュア壺セット

海外旅行を始めた当初は、購入する土産物もジャンルが確立していなかった。これも今となっては「なんで？」と首を傾げたくなる代物。長いことどこの物かわからずにいたが、此度の出版に伴う土産物品リスト作製の際、「その壺セット、『セブ島で買った』と当時、（私が）言っていた」とのカミさんの証言を得た。高さ3.5㎝〜7㎝。

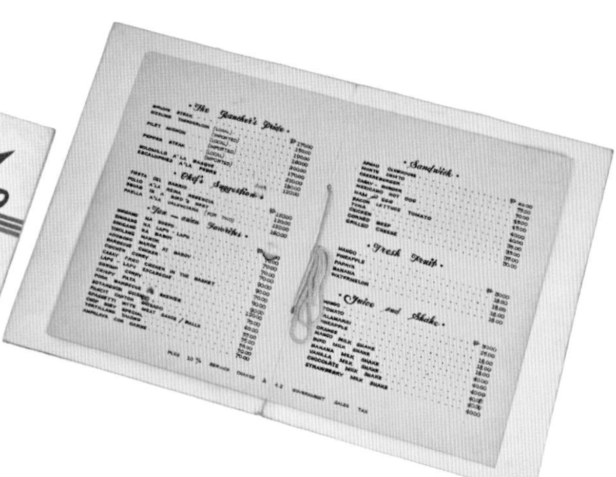

リゾートホテルのレストラン・メニュー表
（複写）

セブ島アルガオビーチホテル・キーホルダー
何か記念の文字の入っているモノをと探した結果がコレ。

「弥七」が撮った私の写真
早大漫画研究会OB御一行様が滞在中、後に先に移動しては写真を撮っている現地のオジサンがいた。その神出鬼没ぶりに我々は「弥七」と呼んだ。弥七の撮影した写真はどれもピントが甘くボケボケだったが、突っ返すのも気の毒なので買い取ってあげたうちの1枚。

高層ホテル直下にもバラック群がひろがっていた。雇用の創出につながっているのであれば、まだしもだが……。

フィリピンの５ペソ紙幣

２回目の海外旅行となったこのフィリピンから、流通する紙幣、硬貨も（高額なものを除き）蒐め始める。エミリオ・アギナルド（1869〜1964）。フィリピン第一共和国初代大統領。

フィリピンの切手

小学生から中学生にかけてのごく短い期間に通過儀礼的に蒐《あつ》めていた世界の切手。フィリピンの棚田と民族衣裳姿の女性を描いたお気に入りの１枚。

③ ボリビアに新婚旅行でモルフォチョウ

1991.12〜1992.1

ボリビア

成田➡シアトル➡マイアミ➡ラパス➡サンタクルス／コチャバンバ➡カラカス（ベネズエラ）➡マイアミ…

一九九一年三月に結婚。新婚旅行として挙式当日に箱根に一泊したものの、当時四〇紙・誌近くの連載を抱えていたこともあり、翌日そそくさと帰京し、締め切りに対応せねばならなかった。これだけではあんま、りだというカミさんの愚痴も聞こえてきそうな雲行きだったので、その年の暮れ、第二次新婚旅行として南米ボリビアへ出かけた。

　昆虫専門誌『月刊むし』では、年末やゴールデンウィークなどに昆虫採集ツアーを募っているが、この年末はボリビアのアマゾン源流域。ボリビアというと高地に位置するウユニ塩原が人気だが、そちらを訪れるのは私らが銀婚式を迎えた二〇一六年となる。

　南米の昆虫採集となればお目あてはやはりモルフォチョウ。多くは青い金属光沢の翅《はね》をもつ大型の美麗種である。標本展などでは必ずお目にかかれるが、それをこの手で捕まえられるとは得がたい経験となるに違いない。『むし』誌で募集告知を見、カミさんに相談もせず参加を申し込んでしまった。

　ボリビアのアンデス山脈東麓には標高の低い土地がひろがっている。アマゾン川支流のそのまた支流の支流の……チャパレ川に臨むビジャトゥナリ。藪を漕いで行き着いた先の隠れ家のような倹《つま》しいホテルに逗留し、昆虫採集三昧の一週間を送った。

　目当てのモルフォチョウは、その中では地味めのアキレナモルフォしか獲れなかったが、二人の共同作業でネットインしたその個体（写真）は、今でも大切な宝物となって時を刻んでいる。

＊　＊　＊

　二〇一七年元日、ビジャトゥナリを再訪。想い出のホテル裏手の川原でモルフォチョウと戯れた。二人ともずいぶんと歳を取っておりましたが——。

インディオの夫婦像
民族衣裳姿の夫婦像も後の蒐集ジャンルの一つとなってゆく。その第 1 号。高さ 12㎝。

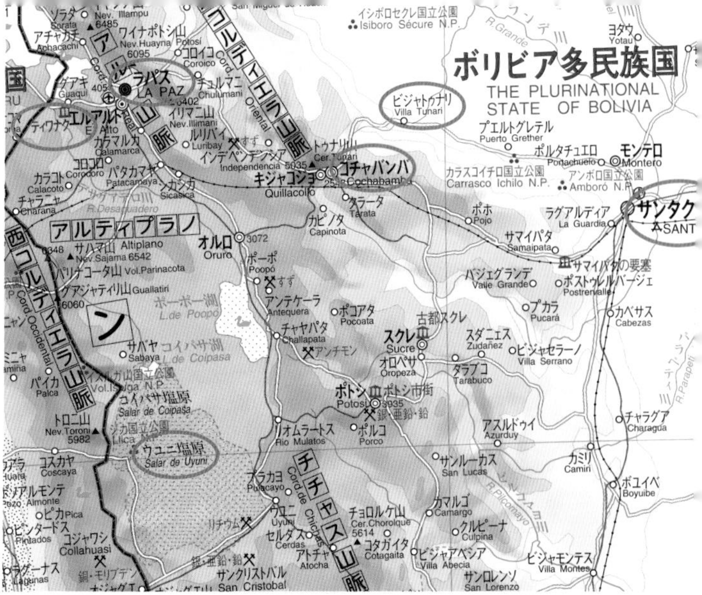

『最新基本地図 2023』1 : 8 000 000（帝国書院）

アキレナモルフォ
ボリビア、ビジャトゥナリ産。新婦がモルフォチョウと同色の青色銀紙を振り、それを追い払うべく翔んで来た個体を新郎たる私がネット・イン。私どもは結婚披露宴を行っておらず、これが初めての「共同作業」となった。

アンデス地方伝統の色鮮やかな布地「アワヨ」製のナップサック
アワヨは、マンタ（ビッグサイズの風呂敷様の一枚布で、子供をおぶったり荷物を運ぶ際に女性が常用）やポンチョ等に用いられる。

ようやくモルフォを捕らえ、会心の笑み　当時 32 歳。

これが「ケーキ入刀」の代わりとなりました。

ボリビア産トイレットペーパー
個包装のトイレットペーパーを 1988 年頃より蒐めていたが、ボリビアの日用品店で大量発見。思わぬ収穫に喜ぶ私。珍品「ヨーヨー」(最上段)、「ヨーヨー」は日本語とばかり思っていたが、タガログ語起源とも（諸説あり)。

ウユニ塩原の塩の楯
2回目のボリビア旅行（銀婚旅行）ではウユニ塩原も訪れた。ウユニ産の塩を国土の形に成型した楯。高さ12㎝。

ウユニ塩原の塩のリャマ
ウユニ産の塩でできたリャマ。現地で目撃した動物の「何かしら」を買うのもならわし。高さ12㎝。

1991年新婚旅行当時（上）と同じ宿、同じ場所で25年後に撮影した写真（下）
「ホテル エル・プエンテ」は経営者こそ代わっていたが、森の中の佇いやコテージの配置等は当時のままであった。私のラガーシャツも新婚当時のもの。

ラパスに近いティワナク遺跡「太陽の門」の壁掛け
2000年に世界遺産に登録されたが、今も発掘途上で、訪れる人も多いとは言えず。天地9㎝。

④ ブラジルで まさかの アマゾン産カメピラフ

1992.12〜1993.1

ブラジル
成田→ダラス→マイアミ→マナオス

前年のボリビア採集旅行で味をしめ、翌年暮れも「むし社」主催のツアーに参加した。今度はブラジルのアマゾン川中流域。

主要都市マナオスからチャーター船でノーヴァオリンダドノルテへ。こちらに停泊し昆虫採集を行う。前回のボリビアより標高は低く、棲息する昆虫の種類もずいぶん多いように感じた。モルフォチョウも全面金属ブルーのメネラウスモルフォなど、多数をネットイン。ミイロタテハやルリオビタテハ類などが翔《と》び交い、蝶屋（昆虫の中でも蝶の愛好家たちの自称。商売を営むわけではない）にとって、まさにパラダイスであった。

ツアー中は主に船中泊であったから、虫採りから帰ればピラニア釣りに興じたり、淡水性のピンクイルカの泳ぎを眺めたり――。大アマゾンの茶色い川面に身を委ねた時間は、そのゆったりとした流れ以上にゆっくり流れていたような気がする。

そんな船中泊の何日目かに、調理人のクルーがアマゾン産カメを披露してくれた。甲長は二五センチほど。推定年齢は二〇歳ほどだと言う。単に遠来の客には珍しかろうと披露してくれたのだと思ったが、そのカメを抱えたままバックヤードに姿を消した。

ガンッ！　ガンッ‼

一同まさかとは思ったが、その晩のメインディッシュはアマゾン産カメピラフであった。生前、彼の体を覆っていた甲羅がそのまま深皿として用いられている。新成人（？）の件《くだん》のカメも、まさか自分の甲羅に盛りつけられて眠るとは思っていなかったろう。

その肉は食感、味ともに鶏肉《とり》に酷似。アマゾン河畔で彼が歩んできた二〇年に思いを馳せつつ、おいしくちょうだいした次第。合掌――。

アマゾン昆虫採集旅行の移動手段兼宿泊施設となったYANNA 号
全長 32m。ツインルーム 9 室を備える。

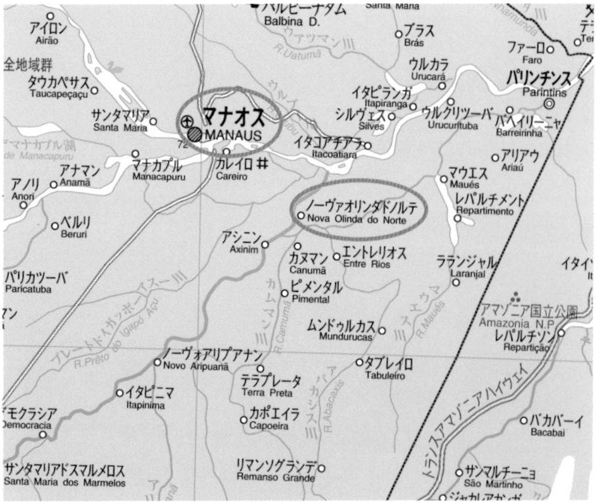

『最新基本地図 2023』1 : 8 000 000（帝国書院）

ピラニアの剥製と実際にカミさんが釣り上げた個体の歯
剥製には、昭和 40 年代から 50 年代にかけ活躍し、喰らいついたら離れぬしぶとい相撲で「ピラニア」の異名を取った大関旭國にサインをいただいた。全長 16.2㎝。

アマゾン川に棲息するキャットフィッシュ（ナマズ）の剥製
これも土産物として売っている。全長 32㎝。

全員でおいしくちょうだいしました。

今では見ることのなくなった手押しポンプ式殺虫剤噴霧器
日本でもスプレー缶登場前はコレだった。直截的害虫図柄がよろしい。サンパウロのメーカー製。

アマゾン住民の少女木像
高さ 17.5㎝。

ノーヴァオリンダドノルテ採集品
メネラウスモルフォ（右）、エラートドクチョウ（左上）、クラウディナミイロタテハ（左下）。

イグアス滝のキャラメル
2014年正月、イグアス滝を訪れた。中央に描かれている動物はハナグマ。ブラジル側で茂みから出て来た個体を目撃(写真のキャラメル菓子はアルゼンチン製)。

ブラジル国境と石
1995年暮れ、ベネズエラ⇔ブラジル国境を徒歩で越え、ごく短時間だけブラジル入り。その際、国境上に落ちていた石を拾った(右)。

イグアス滝全景のジオラマ風置物
アルゼンチン側、ブラジル側それぞれに滝に迫る遊歩道が完備されている。迫力ではブラジル側に軍配。横16cm。

アマゾンの熱帯林で

⑤ケニアのフラミンゴ煎餅に凝然《ぎょうぜん》

二年続けて昆虫採集ツアーにくっついていったので、次は本格的に哺乳類が見たい、と誰しもそうなる（?）。というわけで、一九九三年暮れは大手旅行会社主催のアフリカ・サファリツアーに参加した。奇を衒《てら》わず、ケニアのアンボセリ国立公園他とタンザニア、ンゴロンゴロ保全地域を巡るテッパン王道コース。

この両国の国立公園は欧米からの観光客が多く、ためにホテルもよく整備されている。景観を損ねないよう配慮された、ロッヂあるいはコテージ造り。都市のホテルと遜色ない食事を摂り、四駆車でサバンナに繰り出して、野生のライオン、ゾウ、サイ、キリン、シマウマ等を観て廻る。実によく出来た天然サファリパークですな。

当時はまだフィルム式のカメラを使っていたので、動物の写真を撮っていると、フイルムが何十本あっても足りゃしない。

1993.12〜1994.1

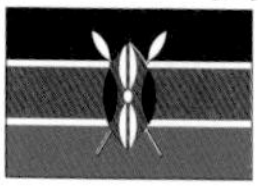

ケニア

成田⬇カラチ（パキスタン）⬇ナイロビ

ところが、ケニアでもっとも衝撃を受けたのは、先に挙げたような哺乳類ではなく、当時は千葉県外房の行川《なめがわ》アイランド（二〇〇一年閉園）でも見ることができるフラミンゴであった。首都ナイロビの北西に位置するナクル湖に、それこそ湖面をまっピンクに染めるほどに棲息していた。

が、遠くで眺めよフラミンゴ。湖岸に近づくと、その地面は幾重にも折り重なったフラミンゴの死骸で覆われていると判る。もう煎餅《せんべい》状態。色みからすると私の大好物「えび満月」にも似ている。そりゃこれくらい群棲すれば、それ以上に死んでいるはず。一見優雅に佇んでいるフラミンゴの足許に厳然と層を成す鳥煎餅に凝然としたのであった。

それも現在ではナクル湖の水位が上昇し、湖面を染めていたフラミンゴも数百羽程度に激減したという。見られるときに見ておく――これも鉄則か。

ケニアの国の形マグネット
地に国旗の色をあしらう中央には、独立戦争で手にした槍と盾が配されている。動物はアフリカ大陸のいわゆる「BIG5」（ライオン、ヒョウ、ゾウ、サイ、アフリカスイギュウ）。

『最新基本地図 2023』1 : 15 000 000（帝国書院）

アフリカで入手した木製の動物ひととおり
初めてのアフリカということもあり、簡素な木製の動物をひととおり買い揃えてしまった。イボイノシシの親子連れが意外な人気者。高さ 4㎝〜21㎝。

マサイの首飾り
マサイの女性が身に着けるビーズの首飾り。ビーズ自体はどこから手に入れるのだろう。

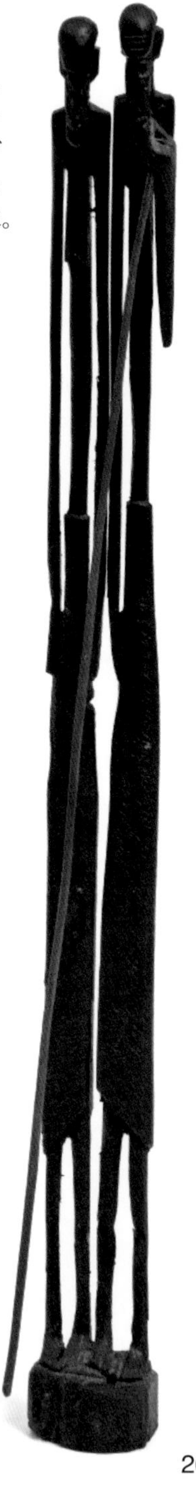

マサイの木像
マサイの人たちは長身痩軀。その背恰好をデフォルメしたヒョロ長い木像。高さ 31㎝。

サファリ帽
常に「形から入る」を旨とする私。ナイロビでさっそくサファリ帽購入。

ナイロビの民家のミニチュア
首都ナイロビは高層ビルの林立する大都会だが、郊外へ出れば伝統的家屋も多く見かけた。その後の「世界の民家」シリーズ土産の第 1 号。
高さ 14.2㎝。

アンボセリ国立公園で
左端の山はキリマンジャロ山。

ケニア製「蚊の捕獲器」
マラリアを媒介する蚊には、ケニアに限らず用心が必要。これは血を吸おうと止まった蚊を挟んで捕まえる器具。もちろんジョークグッズで、叩いてつぶした方が早い。

大地溝帯を表した皿
ケニア国土には南北に大地溝帯＝グレート・リフト・バレーが走る。大陸プレートの裂け目で、現在もわずかずつ拡がっている。数千万年後にアフリカ大陸はここを境に分かれる運命とか。

⑥タンザニア火口原のスイギュウと蛾でおなかいっぱい

ケニアから陸路で国境を越えて隣国タンザニアへ。木登りライオンで有名なマニャラ湖国立公園を経て、ンゴロンゴロ保全地域へ。ここは世界有数の大きさを誇る火口原（カルデラ）で、その内側に野生動物が封じられた形で棲息している。ために棲息密度も高いので、観察にはもってこいの場所。

こんな所に「同居」させられた草食動物も気の毒になどと呑気なことを考えていたら、案の上、一頭のアフリカスイギュウがライオンの餌食となっていた。腹の中はさぞや肉色かと思いきや、未消化の食草がぎっしり詰まっていて、むしろ暗緑色を呈していた。たとえはよろしくないが、巨大な餃子のようにさえ見える。しかも皮の黒い――。

ひととおりの野生動物を目撃、観察し、そろそろおなかいっぱいとなりかけていたが、そんな私をさらに喜ばせたのは、火口原の縁《へり》に建つロッヂの灯りに集まってくる蛾の群れであった。ヒトリガの仲間は日本でも多く見かけるが（怪獣モスラも成虫の翅だけ見ればヒトリガ科を思わせるが、幼虫が決定的に同科とは異なる。ヒトリガの幼虫はいわゆるクマケムシ《熊毛虫》）、ンゴロンゴロで見たヒトリガは翅に鮮やかな水色の紋を配していた。赤、黄、黒を基調とする日本のヒトリガ科とはずいぶん様子が違う。

灯りに集まってくる多種多様な蛾見物も実はンゴロンゴロの見所のひとつ――と、これから訪問を計画されている方にはお伝えしておきたい。蛾が苦手な向きはくれぐれも窓を開放なさらぬよう。

帰路はケニア国境手前の街アルーシャで、マラカイト（孔雀石）を扱う土産物店に。「石を研磨した後の粉を集成した粗悪品に気をつけて」と店の人に忠告されたが、私の買ったカバ（写真）ははたしてどうなんだか。

1993.12～1994.1

タンザニア

ナイロビ（ケニア）⬇ンゴロンゴロ⬇アルーシャ⬇（陸路）⬇ナイロビ

『最新基本地図 2023』1 : 15 000 000（帝国書院）

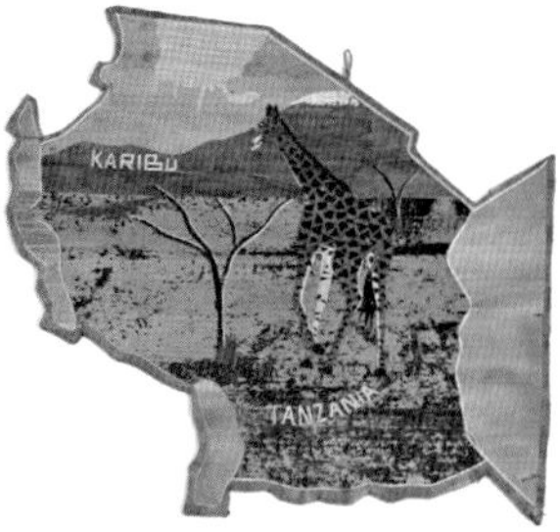

タンザニアの「国の形壁掛け」
タンザニアでは国の形グッズを見つけられなかったが、帰国後、地元の「さくらまつり」でタンザニアの国の形グッズ発見。私が買わなかったら、誰が買ったろうか。しかもなぜイチ商店街のお祭りに？
左右 24㎝。

旧 200 シリング紙幣
肖像は第２代大統領アリ・ハッサン・ムウィニ。

タンザニアの切手
タンガニーカは 1961 年、ザンジバルは 1963 年にそれぞれ英国より独立。1964 年に合併、同年秋タンザニア連合共和国と改称した。切手の銘文にある「UHURU」はスワヒリ語で「自由」の意。

木に登るというライオンの絵柄のＴシャツ
マニャラ湖国立公園に棲息するライオンは伝統的に木に登るとかで、名物になっている。私は残念ながら目撃できず。

ンゴロンゴロ保全地域「セレナ・サファリ・ロッジ」のシャンプー
近頃では資源保護の観点からホテルのシャンプーも詰め替え式が増え、こうしたオリジナルの小瓶入りは少なくなっている。

ンゴロンゴロ保全地域に暮らすライオン夫婦
2頭の手前にはサファリカーが4、5台集結しており、いささかうんざりの表情か。

【ンゴロンゴロ概念図】
外輪山に囲まれた
広大な火口原に
野生動物たちが封じ込め
られている
ンゴロン、ンゴロンとくつろげないって草食動物としては!

マラカイトグリーン製のカバ
全長 80㎜。マラカイト製品専門店の店員はしきりに「ワンピース」(屑を成型し直した粗悪品ではなく、原石から切り出し加工したものの意)と薦めてきた。以後、各国のカバ・コレクションに発展。

⑦ またまたパプアニューギニアで捕虫網を振るう

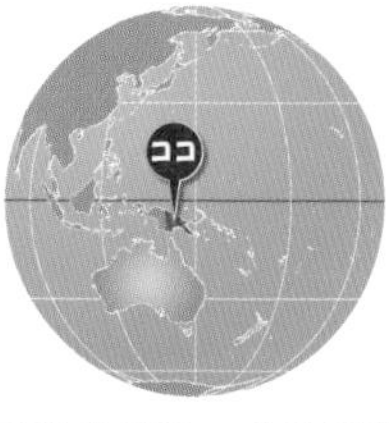

1994.12〜1995.1

パプアニューギニア

成田➡ポートモレスビー／ラエ➡香港（一泊）

　二年のブランクを経て、またまた『むし』誌主催の昆虫採集ツアーに参加。南米がモルフォチョウなら、こちらはトリバネアゲハ。ともに美麗蝶界の双璧をなす存在として知られる。

　が、この仲間は採集・国外持ち出しが一般的には厳しく禁じられている。それでもそこは「むし社」の催行ツアーだけあり、パプアニューギニア政府の採集許可証が発行されており、一行は蝶類の研究者としての扱いになる。まぁ、そのじつ、捕虫網を振ることに大差はないのだけれど。

　パプアニューギニアでは、どこで採集していても人なつっこい子どもたちがワラワラと集まってきて、そんな子どもたちと虫採りに興じる毎日であった。現地ではかなりの奥地にまでキリスト教の宣教師が入り込んで私設学校を開設しており、どの子も英語と現地語をミックスしたようなピジン英語を喋る。年端もゆかぬ半裸の子どもに「ドゥー・ユー・スピーク・イングリッシュ？」と問われたときには、日本の英語教育の無力を感じましたね。私は親指と人差し指を微妙に近づけ「ア・リトル」と答えたもの。

　そして充分な釣果ならぬ「網果」を得て、首都ポートモレスビーへ戻る。手工芸品を扱う店に案内され、私は小学生の頃の愛読書『ニューギニア高地人』（本多勝一著・昭和三九年）で見知っていたコテガ（写真）を買った。

　すると同行の客が我も我もとコテガに殺到。今はほとんど用いる人もいないペニスケースに群がる日本人団体を、はたして店の人はどんな思いで見ていたものやら。ひょっとしてサムライは鎧《よろい》の下に今でもコテガを着用か？　とでも思ったかもしれない。

　今ももちろん自宅に飾ってあるが、皆どうされたろう。

『最新基本地図 2023』1 : 15 860 000（帝国書院）

ゴクラクチョウをあしらったＰＮＧ《パプアニューギニア》製缶ビール
世界のビール缶の中でも屈指。

ワニの木製大皿
鼻先から尾の先端まで60㎝。果物などを盛り合わせれば素敵とでも思ったんだろうが、実使用せず今に至る。

でかいのとったどーっ!!
ワシは分相応。
マダ使ッテンノカ？日本人

虫採り隊、コテガを品定めする。

パプアニューギニアの木像
この彩色を施した木像や木彫りの面が多く見られた。
高さ 47㎝。

用途不明の木彫りの魚
簪《かんざし》のように髪に挿すにはゴツすぎる。
メラネシア系住民の櫛か？　全長 15.3㎝。

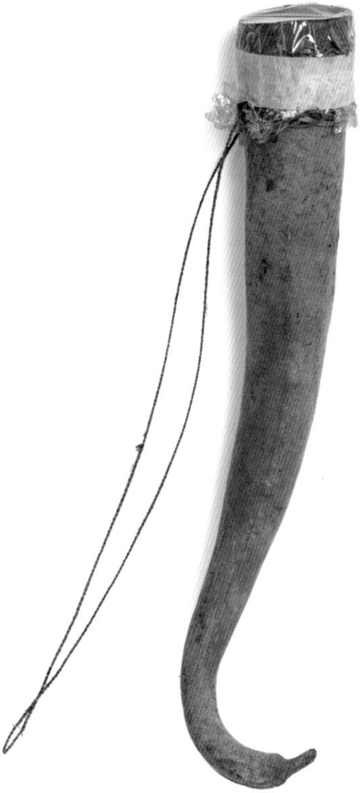

男性のシンボルにかぶせて着用するコテガ（コサガとも）
小学生の頃、読み耽った本多勝一著『ニューギニア高地人』でその存在を知る。まさかその現物を工芸品店で売っているとは。ちなみに直線的で反り立つように長いものの方が偉いんだとか。納得。長さ 26.2㎝。

PNG 製トイレットペーパー
英語の “NUMBER ONE” は音《おん》をそのままに、ピジン英語表記では “NAMBAWAN” となる。

捕虫網を持っているとワラワラと子どもたちが集まってくる。中東部ブロロにて。

⑧ これまで訪れた中でもっともお薦めの国ベネズエラ

1995.12〜1996.1

ベネズエラ

成田⬇シアトル⬇マイアミ⬇カラカス

一九九五年暮れは三度目の南米、ベネズエラのギアナ高地へ。探検家関野吉晴氏がその何年か前に訪れ、テレビ等でも紹介されていた。ベネズエラの治安も今ほど悪くはなく、カラカス市街もフツーに観光でき、「独立解放の父」シモン・ボリバル所縁《ゆかり》の地なども訪れている。

ギアナ高地は――結論から申せばこの後も四半世紀にわたって各所訪れた中でも――やはり屈指の景観を有しているとイチオシしたい。しかもあらゆる交通手段を用いる楽しさもある。バスで現地入り、ときにはボートで小河川を遡り、さらにテーブル・マウンテンの落水地点近くまではトラクターに牽引された荷客車で接近。あるいはセスナ機で異世界の如き岩山や巨大滝を中空から俯瞰《ふかん》できる。訪れた当時はまだ実施されていなかったのだが、今ではヘリコプターでテーブル・マウンテンの頂上にまで降り立つことも可能なのだとか。ここまでアトラクション感満載の観光も、そうはない。

なので「これまで訪れた中でどの国がイチバンですか」という、お定まりのざっくりしたお尋ねに対しては「ベネズエラ！」とお答えしたい。

しかし、どうにも理解不能なのは、アンヘル滝（エンジェル・フォール）に代表されるテーブル・マウンテンから流れ落ちる夥しい数の瀑布群だ。山の上にどれだけの降雨があるかしらないが、落差一〇〇〇メートルに垂《なんな》んとする巨大滝の水が涸れることはない。各テーブル・マウンテンに流入する河川があるでなし、あの厖大な水量はいかにして供給されるのか。不思議でならない。

私らが訪れたのは乾季のさなかであったが、それでも充分の迫力。だが、これが雨季となるとさらに桁違いの水量となるという。かなうならば、雨季のアンヘル滝も見てみたいものだ。

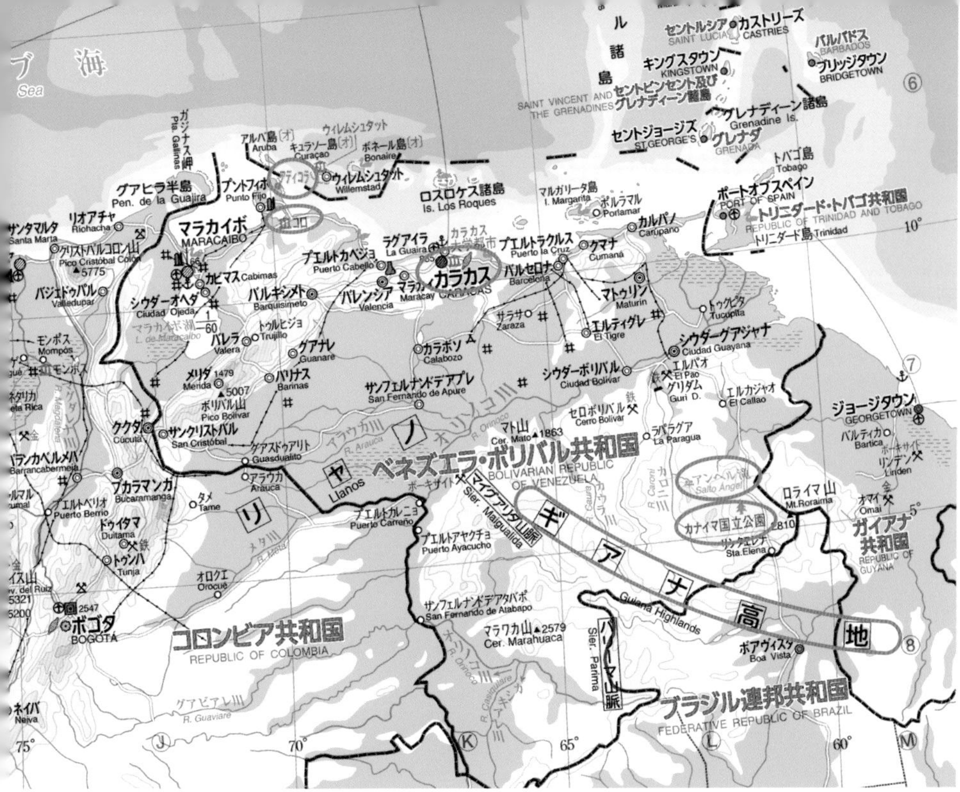

『新詳高等地図』1 : 15 000 000（帝国書院）

ベネズエラの国の形のステッカー
東隣ガイアナと係争中の部分も残る。

悪魔の面
ギアナ高地へ向かう途中に1泊したラスクラリタスで購入。ベネズエラを代表する祭り「コルプス・クリスティ」の悪魔《ディアブロ》の面。厚紙製。左右 40㎝。

カラカス市街を描いた切手
小学生の頃、私を海外の切手蒐めに転じさせた記念碑的１枚。

国旗をあしらった小皿
2006 年、亀田興毅選手との対戦のため来日したファン・ランダエタ選手にサインをいただく。「疑惑の判定」で敗れ、物議沸騰。

ベニコンゴウインコ一刀彫り
ギアナ高地観光の拠点カナイマにて購入。高さ 39.5㎝。

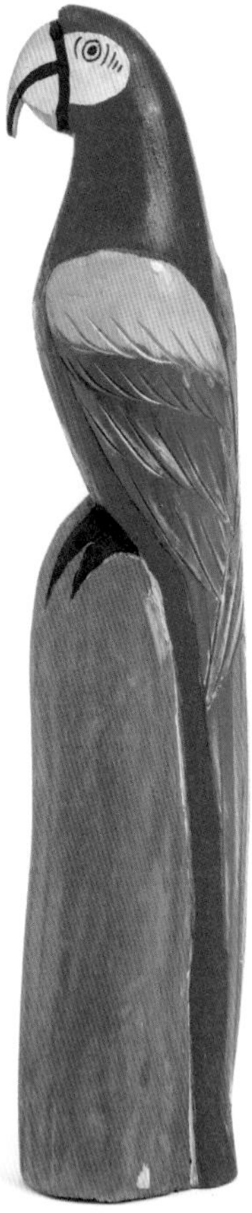

旧 100 ペソ紙幣
南米の「解放者」洗礼名シモン・ホセ・アントニオ・デ・ラ・サンティシマ・トリニダー・デ・ラ・コンセプシオン（通称シモン・ボリバル）の肖像を描く。

コロ旧市街の置物
2006年には北部カリブ海沿岸を陸路西進、コロンビアへ。途中の街コロの旧市街は世界遺産に登録され、コロニアル調のカラフルな家並みが続く。高さ8㎝。

パラグアナ半島北東岸の町、アディコラで購入した絵入り巻き貝
カリブ海に突き出たビーチリゾートとして賑わう。

ゴオオオ
流入河川もない山頂のどこからこの水が…

アンヘル滝には滝壺がない。流れ落ちる水は地上に達する前に霧状になって舞い上がる。

チップはラクダのために

パキスタン

1994.1

『新詳高等地図』1：42 000 000（帝国書院）

ケニア、タンザニアへはパキスタン国際航空を利用したので、カラチ経由となった。今はドバイあたりを経由するのが一般的。

帰路では乗り継ぎに半日以上の余裕があったため、いったんパキスタンに入国。カラチ市内見物へと出かけた。

アラビア海に面した海岸では観光ラクダ乗り体験が楽しめる。当時まだ私どもは中近東未体験だったこともあり、これがたいそう珍しく、なんの躊躇《ちゅうちょ》もなく、ある業者のラクダに乗った。

ガッコン！　と前脚を折ったヒトコブラクダに跨《またが》り、砂浜を何を観るでもなく一五分ほどの散歩だったろうか。まぁ、それはそれで得難い体験だったくらいには思ったはずだ。

そして、いざ降りる段になると御者のオヤジが追加料金をせびってきた。これはエジプトでもどこでもお定まりなのであろうが、なんせ無知だったがため、まんまと引っ掛かってしまった。拒めば一生ラクダから降りられそうにない。

そこで私、滅多に使わない英語で、あくまでフレンドリーにオヤジに言った。

「これは貴方にではなく、このラクダ君へのチップだよ」

今も時折り、切羽詰まると気の利いた英語の構文が脳の言語野に降りてくることがある。自分を褒めたい。

2 地球一の絶景に右往左往篇

1996〜2000

本篇で訪れた国

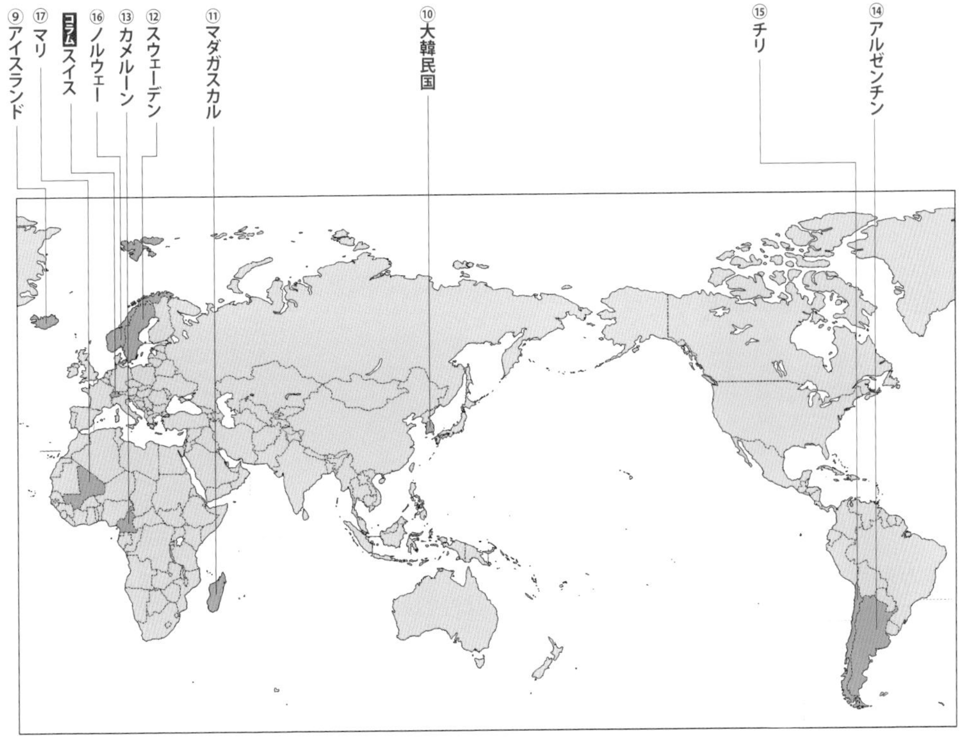

⑨アイスランド
雪原の露天風呂で惑う

第二次新婚旅行でボリビアに行って以降、低緯度地域への旅行が続いていたので、気分を換えて北へ行こうとなった。

そこで、ベネズエラから戻ってひと月後、二人ともに初欧州となるアイスランドへ。地球儀を回すと、やけに上《うわ》っ縁《ぺり》の方にぽつねんと在るが、どんな国なのだろう。行き先選定時点ではほとんど予備知識すらない状態。

行けば小綺麗な街（首都レイキャビク等）と荒涼とした原野（冬季なので雪原と化していたが）が美しい対照をなす、静かで小ぢんまりした国であった。

観光の目玉のひとつは「ブルーラグーン」。地熱発電の副産物である温水を利用した巨大露天風呂施設である。風呂の面積は約五〇〇〇平方メートル。うち入浴に供されるスペースはおよそその半分ほど。数字ではイメージが湧きにくいかと思うが、七〇〇人が一度に入ることができるといえば、そのバカでかさが伝わるか。

湯はシリカという美容成分を多く含んで白く濁っていて、これが遠目には水色に映り、「ブルーラグーン」の名の由来となっている。湯温は三七～三九度に保たれており、欧州各地から訪れた利用客が水着を着てキャッキャやっているが、日本人にとってはいかんせん温《ぬる》い！　外気温はもちろん氷点下だから肩まで浸《つか》り、少しでも湯温の高い部分を求めて中腰でうろうろ探りまわることとなる。もっとも長い時間浸って楽しむ分には、このくらいの湯温の方がよろしいのかもしれない。

その後、この施設は順次拡充され、今ではディナーを楽しめる高級レストランやスパ等も併設されているようだ。是非もう一度訪れたい国だが、そういえば近頃火山が噴火し、流出する溶岩を至近で拝めるという。ますますそそられるではないか。

1996.2

アイスランド

成田⬇ストックホルム（スウェーデン）⬇レイキャビク

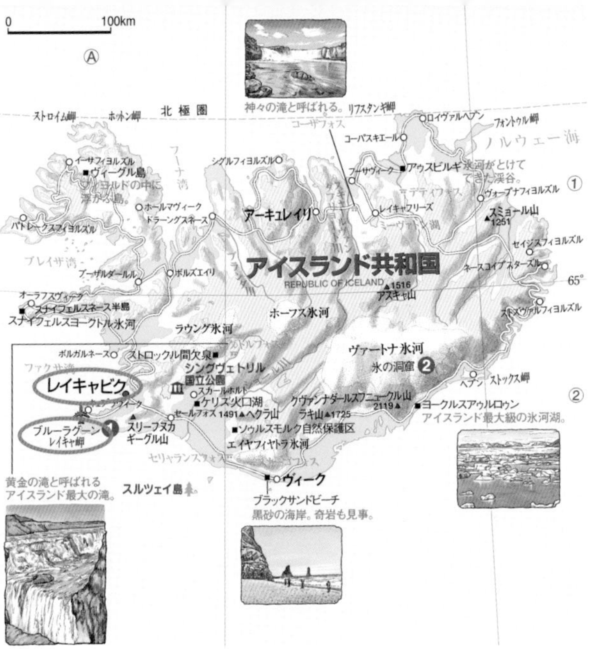

『旅に出たくなる地図 世界』
（帝国書院） ×0.70

アイスランドの現行硬貨
漁業の盛んな国らしく海洋生物が描かれる。1アイスランド・クローナ＝タラ、5 ISK＝イルカ、10 ISK＝シシャモ（カペリン）、50 ISK＝蟹、100 ISK＝ランプフィッシュ。他に補助通貨単位の10、50オイラル各硬貨もある。

アイスランド全土のTシャツ
中央左のホッキョクグマはアイスランドには生息しないが、グリーンランドから海氷に乗って漂着することがたまにあり、発見されると処分の憂き目とか。

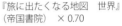

「ブルーラグーン」の底の泥
シリカをふんだんに含む〝白い泥〟が沈澱している。

アイスランドの溶岩の土産
アイスランドは火山国。その溶岩に国旗をあしらった土産品。この手のものが一番嬉しい。高さ22.5㎝。

追い焚きが欲しい「ブルーラグーン」。外気温はそれほど低くなく氷点下５度ほど。

レイキャビク市内の寿司店「侍」のレストランカード
メニューの「赤だし（味噌汁）」が「AGADASHI」と表記されていたので、店長のご出身を尋ねてみると、中国の方だった。お味は大満足。

ヴァイキングの人形
古《いにしえ》よりヴァイキングの跳梁《ちょうりょう》する世界であった。大：高さ 26㎝、小：12㎝。

ニシツノメドリのぬいぐるみ
ウミスズメ科の人気者で、北半球の高緯度沿岸に棲む。このぬいぐるみはタイで製造され、発売元はデンマーク。アイスランドで販売されて日本に渡ってきた。ずいぶんな渡り鳥っぷり。高さ 22㎝。

伝統的民家の置物
日本流に申せば三軒長屋というところか。高さ 4.5㎝。

⑩ 韓国で野球観戦 松坂大輔人気に驚く

1996.10 他

大韓民国

成田↓ソウル

韓国（大韓民国）へは都合三回行っている。最初に訪れたのは一九九六年一〇月。日韓の漫画家交流イベントがソウルで行われ、それに参加した。その後、レギュラーコメンテーターを務めていたワイドショーのロケで再訪し、さらにシドニー五輪の野球アジア地区予選の応援のためもう一度訪れている。

その三度目の渡韓は一九九九年九月。ソウル蚕室野球場で行われたアジア地区予選決勝リーグの日本・中国戦を観戦に行った。日本は試合の終盤に得点し、中国を退けている。実は試合そのものの記憶はほとんど残っておらず、もっぱら代表メンバーの古田敦也捕手（当時ヤクルト）の名をひたすら叫んでいたように思う。今、当該試合の記録にあたってみると、先発投手はアマ球界のエース杉浦正則（日本生命）。その頃の日本代表の構成は今と違い、社会人や大学野球の選手も多く名を連ねていた。

むしろこのときの野球応援行で印象に残るのは、日本代表チームのエース松坂大輔（西武）の開催国韓国における人気っぷりだった。渡韓する前日、対チャイニーズタイペイ（台湾）戦で完投勝利を飾った松坂の人気は凄《すさ》まじく、韓国のスポーツ各紙はまるで自国が勝利したかのようにその快投を紙面で讃《たた》えていた。当時既に野球における日本への対抗心は相当に昂《たか》ぶっていたはずだが、それでも松坂だけは別格でスター視されていたようだ。

その後アジア地区予選を二位通過した日本はシドニー五輪へとコマを進めるものの、屈辱の四位に終わり、メダルを逸した。これが代表チームをプロのみの精鋭で固めるきっかけとなる。

余談だが、サッカーや野球でライバル関係を続ける日韓だけれど、焼肉店は本場に軍配が上がる。

なんたって韓国ではキムチ他副菜が食べ放題だもの。

『最新基本地図 2023』1 : 3 150 000
（帝国書院）

10,000ウォン紙幣と500ウォン硬貨
紙幣の肖像はハングルを創った世宗大王（1397〜1450）。500ウォン硬貨は日本の500円硬貨に似ており、しばしば誤用を招く。

青銅製梵鐘のミニチュア
一時、我が家の屋内呼び鈴に使用されていた。高さ 15㎝。

現地の書店で入手した『韓国の昆虫』図鑑
日本との共通種も多いが、タテハチョウ類には見たことのない種も少なくない。

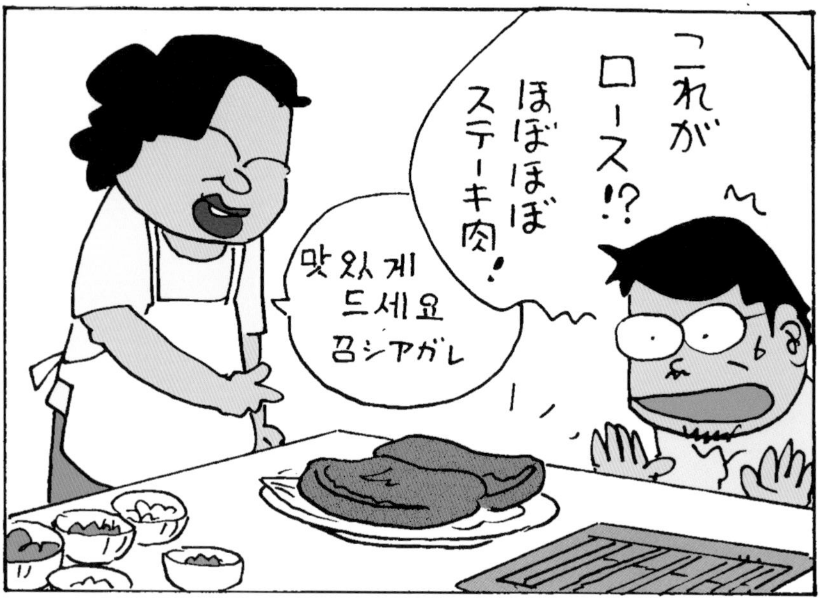

本場焼肉店のショーゲキ！ ロース一切れ、優に200gはある。

パジチョゴリ（男性）、チマチョゴリ（女性）姿の男女の座像

チマチョゴリの中で片膝を立てて座るのが可愛らしく見せるコツなのだとか。
高さ8㎝。

最初の訪韓のペナント

1996年の日韓漫画家の交流イベント。日本側の団長は田代しんたろう氏（元別府大学文学部教授、早大漫画研究会同人）。

河回村（ハフェマウル）に伝わる伝統的仮面劇の面
顎が可動式でケタケタ笑うことが可能のようだ。

鴛鴦《おしどり》のデコイ
夫婦和合の象徴とされるのは日本と同じ。

「見ザル聞かザル言わザル」の三猿像もコレクションアイテム
韓国で股間を押さえる「せザル」を加えた四猿を発見。以後、世界中で採集しているが、四猿はけっして稀ではなく、遂には五猿（日本産）も。高さ 7㎝。

⑪ 種の存続危うし マダガスカルの原猿類

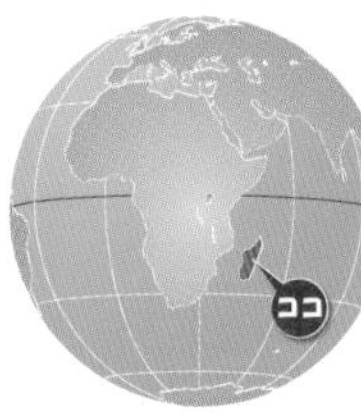

1996.12〜1997.1

マダガスカル

成田⬇モーリシャス⬇アンタナナリボ

動物好きが東アフリカのサファリを経験した後、次の訪問先に選ぶのがマダガスカル。アフリカ大陸モザンビークの東方沖、インド洋上に位置する、世界で面積第四位の島である。かなり早い時期にインド亜大陸やアフリカ大陸から分離したため生息する生物には固有種が多く、特にキツネザルなどの仲間＝原猿類が繁栄している。観光客のお目あてはもっぱらコレ。

原猿類でもっともなじみが深いのは、東京・上野動物園でも飼育されているワオキツネザル。尻尾の連続リング模様が特徴的だが、原猿類ではむしろ大きな方で、小さな種はネズミかリスと見紛うほど。それらもナイト・キツネザルサファリで観察することができる。

ワオキツネザルと並んで人気なのは、万歳ポーズで横っ跳び歩きをするベローシファカ。こちらは南部ベレンティー保護区で群れに会える（イラスト）。ホテルに近接した森が棲処《すみか》らしく、敷地内をピョコスカ跳ね回っているが、憂慮すべきは、この容易に観察できてしまう生息地の状況であった。

国土全体がフランス統治下でほぼ開墾し尽くされており、原猿類が棲めそうな森林などいくらも残っていない。しかも、それぞれが広大なサイザル麻畑で分断されているから、種の存続は相当に危機的と想像がつく。

一方そんなごく僅かに残された森林の林床には、巨大なダンゴムシがひっそり暮らしている。昔、駄菓子屋でザラメ砂糖をまぶした赤や緑の大きな飴玉を売っていたが、およそそのくらいの大きさだ。

そして木々に目を凝らせばカメレオンも潜む。さすが独自進化を遂げた生物の島である。

が、なぜかニイニイゼミは日本産と見た目はほぼ一緒。不思議といえば不思議な話で、逆に驚いたのだった。

マダガスカルの〝顔〟ワオキツネザル
タワシのような素材がいい雰囲気。尾の長さ 14㎝。

『旅に出たくなる地図　世界』
（帝国書院）　× 0.87

爬虫類マニア垂涎のホウシャガメ
マダガスカル原産。手前、カメレオン。ともに左右 17㎝。

旧 5000 マダガスカルフラン紙幣
キツネザル各種の他、額面の脇には特産のオナガヤママユ（蛾）も描かれている。

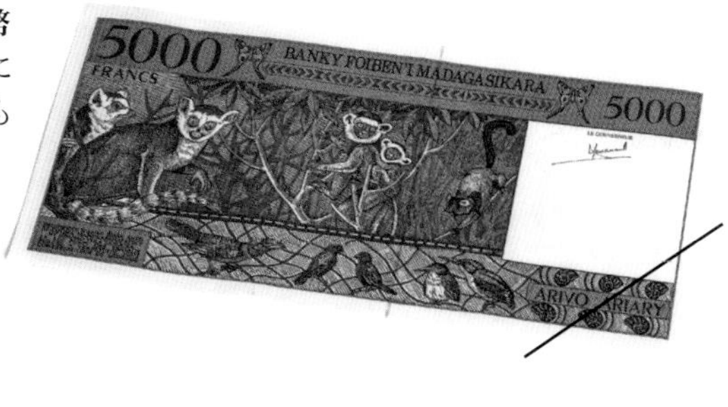

基本、横っ跳びは赤土の道を横断するとき
——ベローシファカ。

マダガスカル版相撲の木像
本格的に競技しているところは見ていないが、確かに子供たちが〝草相撲〟を取っていた。高さ 19.5㎝。

空き缶をリメイクした自動車
途上国各地で蒐集できる。旧仏領らしくコーラ缶のシトロエン 2CV。

マダガスカルの国の形壁掛け
マダガスカル島の形に各種民族楽器をあしらう。高さ 41㎝。

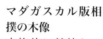

「日傘をさす婦人」の木像
高さ 15㎝。

ワオキツネザルのＴシャツ
ノシベ島にはワオキツネザルは生息しないが……。

マダガスカル島の売り子
その地理的位置よりインド系、アラビア系、アフリカ系住民のハイブリッドたるマダガスカル人は美男美女のパラダイス。モザンビーク海峡に臨む北部のリゾート地ノシベ島でレースのテーブル敷きを売っていたムスメっ子もご覧の別嬪《べっぴん》さん。

12 スウェーデンは アイスホテルもオーロラも トナカイ香ばし

前年のアイスランドに続き、次の冬はスウェーデンへ。宿泊は当時開業間もなかった北部ユッカスヤルヴィの「アイスホテル」とシャレこんだ。

日本のテレビでも盛んに紹介されたのでご存じの方も多いと思う。すべてが氷で造られたホテルで、建屋はもちろん、ベッドやテーブル、各種什器に至るまですべて氷でできている。話のタネにと宿泊を試みたのだが——。

その氷のベッドにはトナカイの毛皮が幾重にも敷かれ、毛布代わりもまたトナカイの毛皮。極寒の地に生きる生物のものだから、なるほど保温性は高いのだろうが、これがなんとも香ばしい。寒さはどうにかなっても、この香ばしさだけは敵《かな》わないと、すぐさま「アイスホテル・本館」での宿泊は断念した。

実は敷地内に木造コテージも多数建っており、宿泊者はそのどちらで寝泊まりしてもよいシステムに、少なくともその当時はなっていた。となれば当初の意気込みはどこへやら。氷のホテルより暖かく快適なコテージに泊まることといたした。

夜はトナカイに曳《ひ》かせたソリで郊外へ繰り出し、オーロラ鑑賞。オーロラは先のアイスランド（このときはいささかショボかった）をはじめ都合五回観に行ったが、通算成績五戦五勝。それぞれたいして長逗留《とうりゅう》をしたわけでもないのにこの数字はなかなかに立派。

中でも厚く結氷した湖の上から仰ぎ見た、ここスウェーデンからのオーロラが最も立派だったように思う。あるいは周囲の余計な光ひとつない静謐《せいひつ》な環境がさらにオーロラの神秘性を増幅させ、そう感じさせたのかもしれない。

傍らにはしばしば休憩をとる牽引役のトナカイがいたが、やはり少々香ばしかった記憶も残る。

1997.2

スウェーデン

成田↓ストックホルム↓キルナ

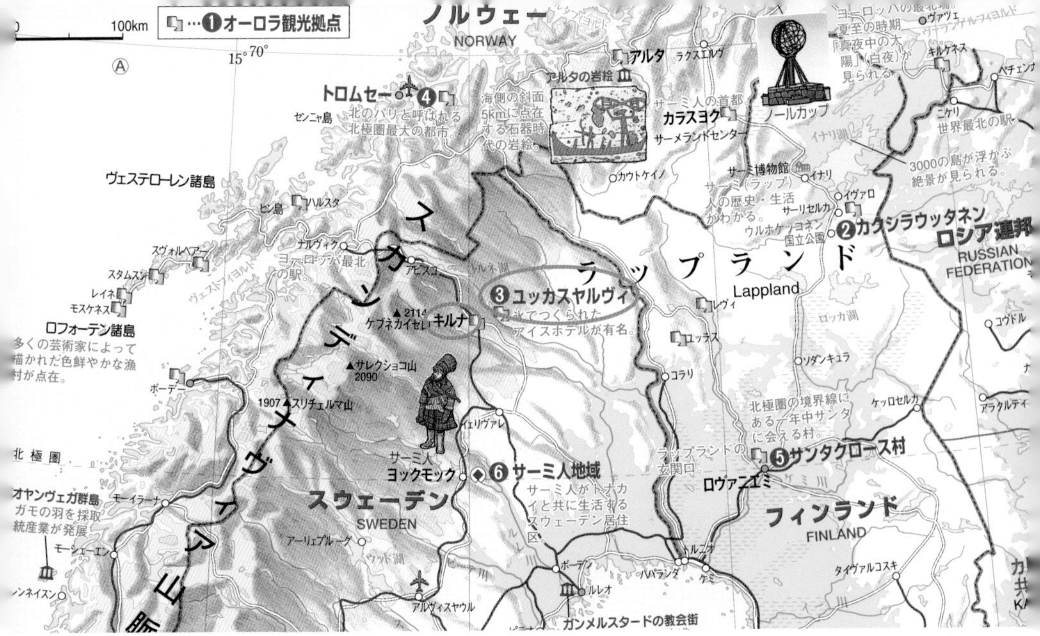

『旅に出たくなる地図　世界』(帝国書院　× 0.78)

イヌイットの氷の家＝イグルーの豪華版と言えそうなアイスホテルの置物
2月の外気温は意外に高く、滞在中には氷点下20℃までいかなかった。高さ25㎝。

スウェーデン北部のスキーリゾート地ドゥンドレットのバッグ
スキーブーツ等を容れる鞄だろうか。容量が大きく平らに畳めるため、以後エキストラバッグとして旅には欠かさず携行している。

♪あったかいんだけど〜（クマムシ調）

雪道版キックボードの代用品としてのソリ
片足で雪面をキックして進む。

「トナカイ注意」
実際、車で走行中に道路を横切る群れに出くわすことも。
高さ 12.5㎝。

「ダーラヘスト（ダーラナホース）」
福島県の赤べこによく似た幸せを呼ぶ馬。
高さ 10㎝。

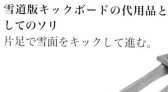

北部ラップランド地方の伝統的衣裳をまとったペア人形　高さ 13㎝。

キルナのスーパーマーケットで購入した飲むタイプのヨーグルト
その名も「ONAKA」。まさか日本語の「おなか」が世界共通語に。

アイスホテル内部
外部に比べると暖かくは感じるが、もちろん氷の解けぬ十分な低温。

⑬ カメルーンのカニで結婚運を占ってもらった男

1997.12〜1998.1

カメルーン

成田⬇チューリヒ（スイス）泊⬇ドゥアラ／ヤウンデ⬇ラゴス（ナイジェリア）⬇マルセイユ（仏）⬇パリ

スイスを経由して出かけたのが、西アフリカの輪郭がちょうど折れ曲がる角に位置するカメルーン。

三度目のアフリカ行でカメルーンを選ぶあたり、そろそろ渋め狙いが始まっている。

チューリヒからのスイス航空直行便は、同国最大都市ドゥアラに着く。同じアフリカでもケニアやエチオピア等と違って印象も薄く、その分開発の手も及んでいないのではないかと漠然とイメージしていた。

が、ドゥアラでメリディアンホテルに宿泊し、一発で従前のカメルーン観が吹っ飛ぶ。

「都会は都会然としている」――。

だが、此度のカメルーン行の主目的は同国各地の民族探訪である。参加六名ほどの小人数でのツアーだったが、その分和《わ》気《き》藹々《あいあい》とした旅だった。

北部のマルワを訪ねたときのこと。一行の中にいた一人の独身男性が村の占い師に自身の結婚運を占ってもらうことになった。泥を浅く張った皿に一匹の生きたカニが置かれている。大きさは日本のヘイケガニほど。そいつが皿の中をどのように這いまわるかで彼の結婚運が見えてくるという。

が、肝心のカニ、少々弱っているのかなかなか動こうとしない。そのうち占い師が指でツンツン押すと、ようやく多少動いた。それだけで「近々結婚できる」とのご託宣。

本来ならツッコミたくもなるところだが、神聖な儀式（？）に失礼があってもいけない。占ってもらった男性以下一行は神妙な顔をして、占い結果にうなづいてみせるのだった。

また別の部族の村。粟《あわ》ビールを拵《こさ》えたところだというのでひと口試飲した。味はほぼ漬け物の汁。ところ変わればビールの味も変わるものと痛感。実際には国内メーカーの旨いビールもあるんですけどね。

『最新基本地図 2023 』1 : 18 500 000（帝国書院） × 1.2

カメルーンの「国の形グッズ」
国土の形に各州名称を木彫り。
縦 44cm。

カメルーン航空の機体模型と航空券
ロゴの字体がどことなく東洋的なカメルーン航空。

西アフリカ最高峰カメルーン山（4095m）の噴石
麓の海岸には真っ黒い砂浜が形成されている。高さ 12㎝。

既婚者の印カラバッシュ（瓢箪製）
ルムシキに近いトゥールの木曜市はこの帽子をかぶった女性たちで賑わう。

伝統的ワラ葺き民家の置物と人形
左の素焼きの像の謂《いわ》れは不詳だが、こいつを見るとなんだか和む。高さ 15㎝。

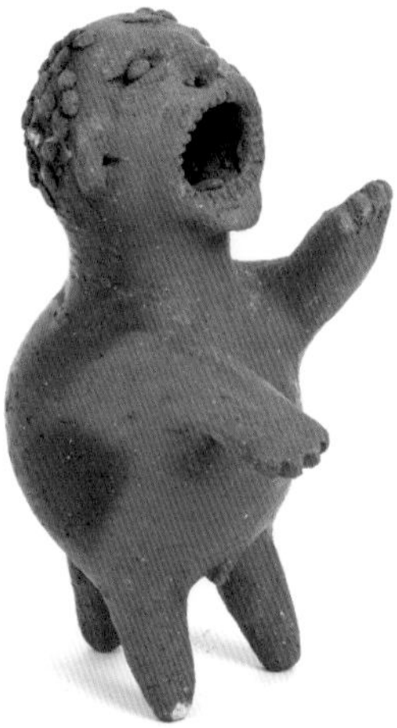

木工職人のオヤジさんに手持ちの替えズボンと交換してもらった木像
ナイジェリアとの間にまたがるマンダラ山地の奇観ルムシキで。高さ 29.5㎝。

荷物を運ぶアフリカの女性の人形
アフリカの女性は基本、頭上に荷物を載せて運ぶ。そのバランス感覚は一朝一夕では真似できない。高さ 33㎝。

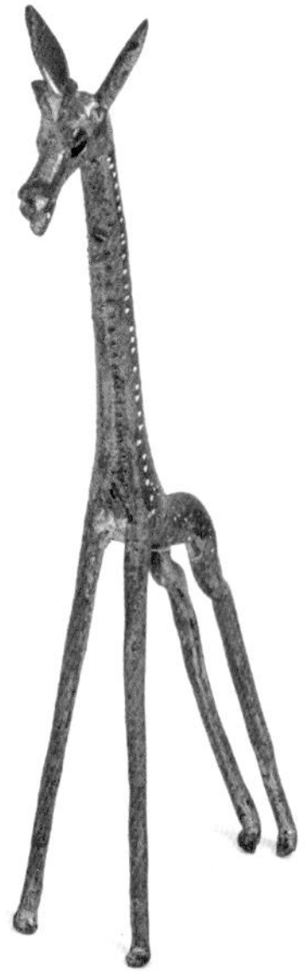

真鍮製のキリン
カメルーン北部ワザ国立公園は東アフリカ各地の自然公園に引けをとらない。高さ 20㎝。

ドゥアラの呉服店（？）で本格的民族服購入。外国人タレントのサンコンさん（ギニア出身）が着ているようなもの。以後、たった一度、駐日マリ大使館に伺う際に着て行って失笑を買った。

⑭ パタゴニアの地球端っコ好き御一行

1998.12〜1999.1

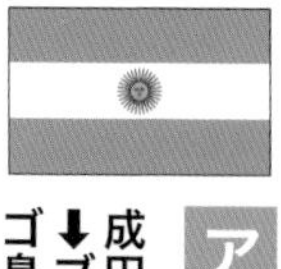

アルゼンチン

成田⬇シアトル⬇マイアミ⬇ブエノスアイレス⬇フエゴ島⬇カラファテ

一九九八年暮れから翌正月にかけてはアルゼンチン、チリ南部にまたがるパタゴニア巡りのツアーに参加した。まずブエノスアイレスで一泊し、格式のありそうなシアターレストランで本場のタンゴショーを堪能。このような個人では敷居の高そうなオプションを組みこんでくれるのも団体ツアーならでは。

そして空路でイッキに*南米大陸の南の果て、フエゴ島へ。観光のため同島を訪れる人、また南極クルーズの発着点として、存外賑わっている。実際、島内を散策していたら、「畠山さん！」と本名で呼び止められた。声の主はその前々年、アイスランドのツアーでご一緒した男性だった。これから南極へ足を延ばすとおっしゃる。北の最果てでご一緒した人と南の最果てで遭遇する。つくづく「お互い、端っコ好きですね」と笑った。

ここフエゴ島はとにかく風が強い。ために針葉樹は風下方向に幹ごとなびいた形に変形し、風上側にはまったく枝を伸ばせない。当時はまだ豊かだった白毛も強風にあおられて難儀した。

またこの島には世界最南端の鉄道「南フエゴ鉄道」が敷設されている。現在は完全に観光鉄道として運行されており、小さな蒸気機関車がトロッコ車輌のような客車を牽引する。フエゴ島を訪れるのはもっぱら欧米の年配客で、皆トコトコ走る汽車にはしゃいでいる。トロッコ汽車、最強大人のおもちゃ説確認——。

さらに空路本土へ戻り、アルゼンチン観光の目玉、ロスグラシアレス国立公園へ。氷河が湖に達する対岸に展望台が設けられており、上流からの圧で押し出される氷河の崩落を間近で見物できる。轟音とともに崩れ、激しく水しぶきを上げて没する様は圧巻。ときには展望台まで砕けた氷塊が達することもあるのだとか。

*厳密にはフエゴ島のさらに南にチリ領ナバリノ島など、多くの小島が存在する。

『旅に出たくなる地図　世界』
（帝国書院）　× 0.70

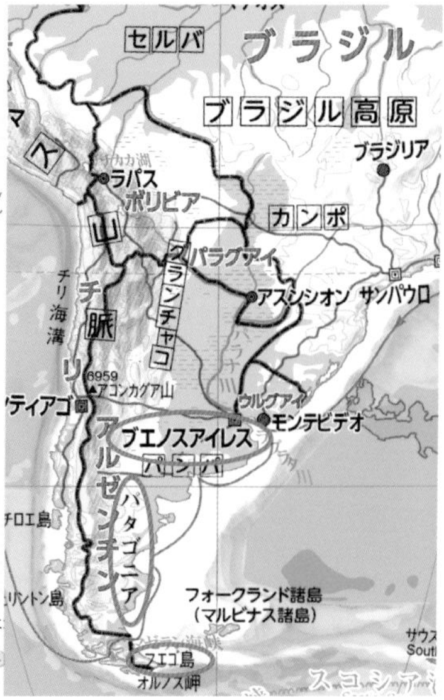

『新詳高等地図』1 : 75 000 000
（帝国書院）

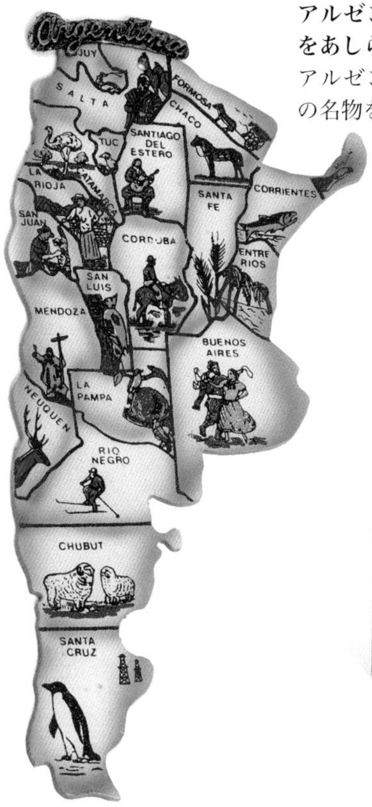

アルゼンチン各州の名物をあしらった壁掛け
アルゼンチン全図に各州の名物を描く。天地 28㎝。

オタリアの置物
大西洋側はウルグアイからアルゼンチン本土、フエゴ島、フォークランド諸島（英領）沿岸に広く分布。高さ 9㎝。

土産用サッカー香水
オモチャみたいな香水。おなじみのサッカー、アルゼンチン代表のユニフォーム。訪問当時の背番号 10 はアリエル・オルテガだが、似てないし……。

ペリトモレノ氷河　先端部（遊覧船より）。

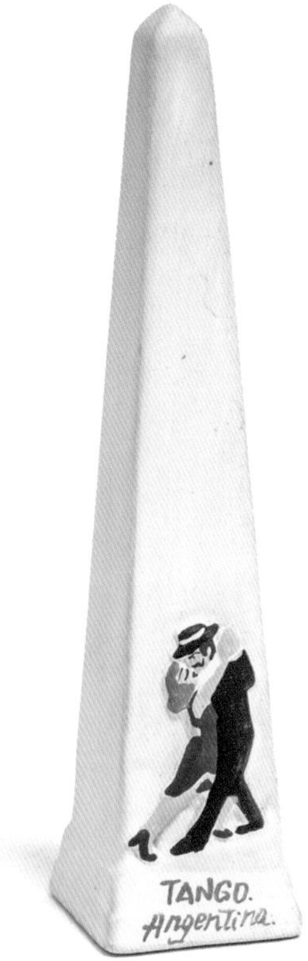

ブエノスアイレスのシンボル「オベリスコ」
1936年、開都400年を記念して建てられた。
高さ68mのミニチュア。高さ18㎝。

タンゴのお土産
タンゴ関連が土産品に最も
多く用いられるモチーフ。
高さ14㎝。

バンドネオンの置物
アルゼンチン・タンゴ演奏の主役バンドネオンを模した置物。幅14cm。

CAMINITO
LA BOCA·ARGENTINA

ボカのカミニートの置物
今日でいう「映《ば》える」街、ブエノスアイレスの港町ボカ地区のカミニート通り。高さ11.5cm。

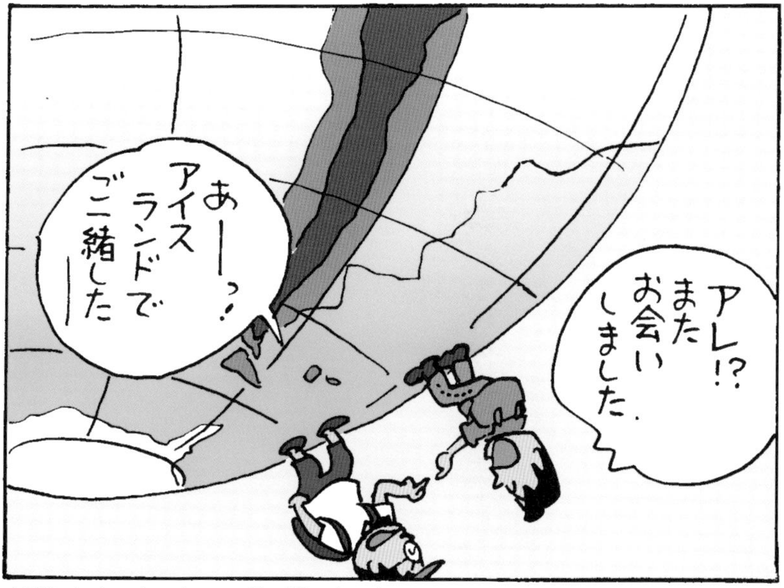
アレ!?　また　お会い　しました.
あー--?　アイス　ランドで　ご一緒した

♪別れた人に会った〜　南の端で会った〜
別れたときと同《おんな》じ　果ての旅だった〜♬

⑮チリ 地球一の絶景の日の出を見る

1998.12〜1999.1

チリ

カラファテ(アルゼンチン)⬇プンタアレナス⬇サンティアゴ⬇マイアミ⬇シアトル(足止め)

アルゼンチンのカラファテから陸路でのチリ入りとなったが、聞くところによると両国間には国境の問題があったらしい。国境の緩衝地帯の手前でバスを降ろされ、一時間ほど徒歩で国境まで歩くハメになった。スーツケース等は車で運んでくれたが、ならば人間も乗せてゆけばよいではないか。しかしさして見るべきもののない国境のうら寂しい道をダラダラ歩くなんてのも、思い返せば貴重な経験か。

チリに入国。その一帯にはパイネ国立公園がひろがる。鋭角的なアンデス山脈南端の山々と夥しい数の氷河湖の織りなす風景は、純粋に景色を評価すれば地球一の絶景かもしれない。投宿するはペオエホテル。氷河湖のひとつペオエ湖の中島に建てられた一軒宿で、湖岸とは橋で結ばれている。まさにこれ以上はないロケーション。

朝、日の出前に外へ出て、トレースデルパイネの三つの頂に陽が差し、徐々に朱に染まってゆく様子を肩をさすりながら（夏とはいえ朝晩はけっこう冷える）見つめる時間のなんと贅沢なことか。絶景がさらにグレードアップする瞬間を遠望できる。

そして細長いチリ本土を南端のプンタアレナスまで陸路南下。フエゴ島との間、マゼラン海峡に臨むこの街にはそのマゼランの銅像が建っている。下の兵士の爪先を撫でると再びこの地に戻って来られる、との言い伝えがあるらしく、皆が撫でるものだから爪先だけ地金の色が剝き出しとなってテカテカに光っている。

私も入念に撫でたが、はたしてこの先、再訪はあるのか。

他に古生物ミロドンの化石が発見された洞窟やマゼランペンギンのコロニーなど、見所豊富な土地でもある。

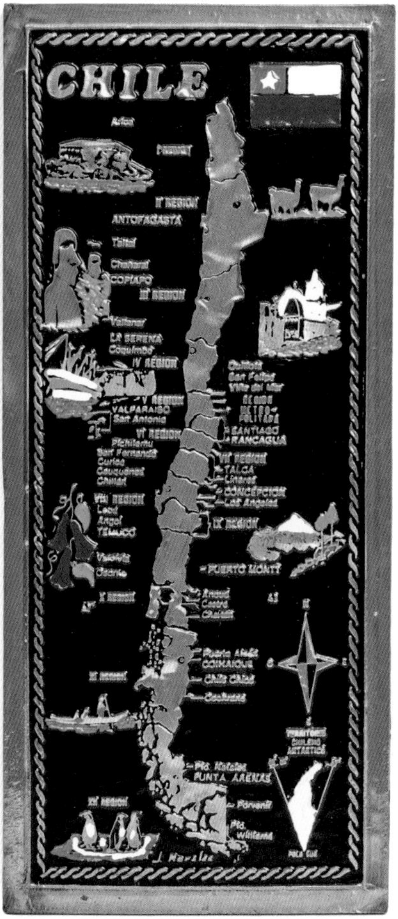

『旅に出たくなる地図　世界』（帝国書院）　× 0.78

チリの銅板レリーフ

銅の生産量、埋蔵量ともに世界第1位のチリ。銅板に全土を描くレリーフ。天地 28㎝。

ナマケモノの絶滅種ミロドンの陶製像

約 1 万年前、パタゴニアに生息していた。直立すると3mにも達する地上性の大型種。骨が発見されたその名も「ミロドンの洞窟」。入り口に立つモニュメントのミニチュア。高さ 10㎝。

アンデスの山々を描いたマッチ大箱

現在では持ち出せないかも。

この台座の上、大砲に足をかけたマゼラン像が空《くう》を見《み》遣《や》っている。

コピアポ鉱山の記念人形

2010年落盤事故発生。69日後、閉じ込められた33名全員が救出されたシーンは記憶に新しい。16年、再訪時に購入。高さ10.5㎝。

パタゴニアの先住民族ヤーガン陶製像

全身にSFチックなペインティングを施す成人式のいでたち。ヤーガン語を話せる最後の一人も2022年に亡くなった。高さ13.5㎝。

パタゴニアのコンドルの置物
パタゴニアを行くと、はるか頭上をコンドルが飛んでいる。サイモン＆ガーファンクルの歌唱の世界そのまま。幅 8㎝。

マゼランペンギンの置物
南米大陸南部、両大洋沿岸に分布。高さ 13.5㎝。

パイネ国立公園のお花畑のハローキティ
1998 年、横浜ベイスターズが 38 年ぶりに日本一の座に。横浜ファンの私の元にもハローキティ電報の祝電が届いた。「キティ夫《お》」と名づけられたこのぬいぐるみは以後私らとともに 100 か国近くを巡り、「ぬい撮り」のモデルを務める。流行のはるか前から実践していたわけだ。パイネ国立公園のお花畑で、記念すべき最初の 1 枚。

⑯ ノルウェーで欧州最北端を目指しＦＡＸを拝借

ノルウェーの北極圏最大の街トロムセーへのパック旅行（往復航空券＋宿泊代）を購入し、宿泊期間中に別途航空券を手配して*欧州最北端ノールカップを目指すという策を弄した旅。当初の予定ではトロムセーのホテルにスーツケースを残し、二泊分の手荷物だけ携えてノールカップへ向かうはずだったが、トロムセー空港でスーツケースが出て来ない。オスロでの乗り継ぎ時間がひどく短かったので、預け入れ荷物の移し替えは間に合わなかったと思われた。

なので成田を出たときの恰好（上はトレーナー、下はデニム）のまま最北端への移動を余儀なくされた。トロムセーからヴィデロー航空の小型機でノールカップのあるマーゲル島ホニングスヴォーグへ。

ところが現地の天候が不順とのこと、目的地空港上空でＵターン、ひとつ手前のハンメルフェスト空港で降機となった。

1999.2

ノルウェー

成田↓コペンハーゲン(デンマーク)↓オスロ↓トロムセー

さて困った。本来であればホニングスヴォーグで、宿に入ったらすぐに新聞漫画の原稿を作画、ＦＡＸ送信する段取りだった。メール送信の術《すべ》を私が得るのはその十数年後の話だ。航空会社が言うには、ここハンメルフェストで運航打ち切りで、その先は臨時バスを出すとの由。もちろんそれに乗らざるを得ないが、現地到着は大幅に遅れ、締め切りに間に合わない。なので、バスの出発までに画稿を一枚描き上げ、空港のＦＡＸを拝借することにした。

が、描いたはいいものの、空港（といってもログハウス一棟の小規模空港）事務所のＦＡＸに延々着信書類が入ってきていて、空《あ》く気配がない。そこへバス出発のアナウンス。たった一人の年配地上職の方に事情を説明、「これを日本の新聞社に送って」と画稿を預けてバスに飛び乗ったのだった。

*一般に「欧州最北端」と呼ばれるが、さらに北方北極海にはノルウェー領スヴァールバル諸島がある。

ノールカップに建つモニュメントのミニチュア
2006年、夏季に再訪したカミさんが入手。高さ11cm。

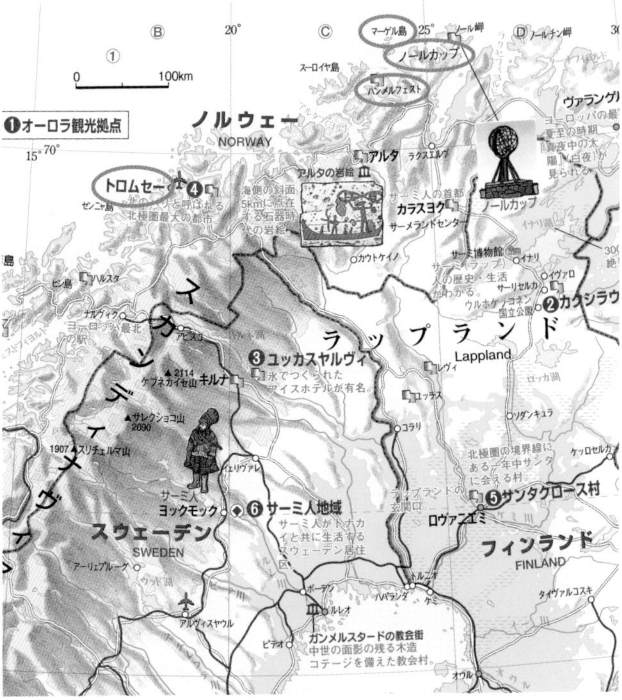

『旅に出たくなる地図　世界』
（帝国書院）　× 0.66

ヴィデロー航空の汚物袋
トロムセー—ホニングスヴォーグ間を運行するヴィデロー航空のボンバルディア機と汚物袋。汚物袋も蒐集対象。

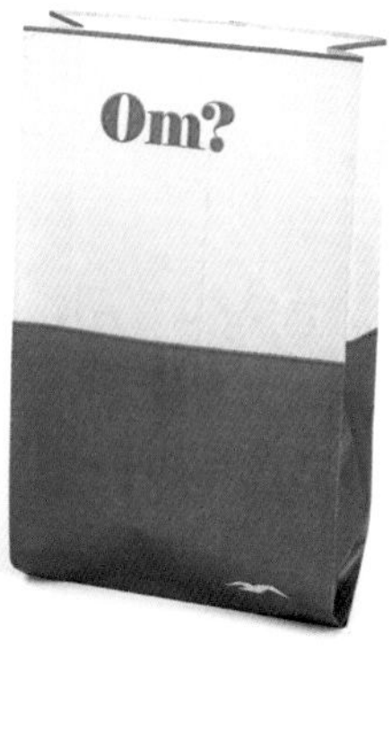

オスロのミニ絵皿
各国ミニ絵皿も 150 枚ほど蒐集。

ショットグラス
右：ベルゲン、左：国旗と国章を描く。

ノルウェーのマックビール
いずれも北欧らしいラベルのノルウェー産マックビール各種。

FLØYEN
BERGEN
NORWAY

ベルゲン、フロイエン山ケーブルカーの置物
高さ 8㎝。

ヴァイキング船スノーグローブ
舳《へ》先《さき》と艫《とも》が前後対称の船形が一般的。

プロで花開こうかってのに上体を開いてちゃマズイなあ！
やく・みつるのポテンヒット
GIANT

ハンメルフェスト空港に預けた漫画
ハンメルフェスト空港の待合室で描いた画稿を職員の方に預け、日本へのFAX送信を依頼した「日刊スポーツ」1999年2月16日付ヒトコマ。ルーキーだった上原浩治投手（当時巨人）の顔をまだ把握していないことがうかがえる。

17 人のいる風景世界一 マリ・ジェンネの泥のモスクの市

　西アフリカのマリ共和国へは、エチオピアのアディスアベバからまるでアイランドホッピング*のような空路でたどり着いた。かつてはエジプトやケニア等と並ぶアフリカ有数の観光国だったのだが、近年はアルカイダ系武装組織による爆破テロや襲撃事件等が相次ぎ、日本からのツアーも絶えて久しい。二〇一五年には首都バマコの高級ホテルも襲われ多くの死傷者を出した。これでは当分観光ツアーの再開は望めない。ユネスコ世界遺産にも登録されている「バンディアガラの断崖（ドゴン人の地）」や「ジェンネ旧市街」の泥のモスクなど見所も多く、残念この上ない。

　チリの項で、パタゴニアのパイネ国立公園を自然の景色では世界一と書いたが、「人のいる景色」部門には迷うことなく、ここマリのジェンネ泥のモスクを推したい。外壁を泥で塗り固められたこの巨大モスクの前の広場に毎月曜、市《いち》が立つのだが、これが圧巻。野菜や果物から種々の日用品までさまざまな品が持ち寄られ、人々でゴッタ返す。もちろん中に分け入っても楽しいのだけれど、周囲の建物の上からの高見の見物もお薦めしたい。ご婦人方が同じものは二着とないカンガを仕立てた服をまとい、まさに原色の洪水。面と向かって写真を撮られることを好まない彼女らにも、建物の上から望遠で撮影する分には問題ないので都合がよい。

　さらに、かつてのマリ帝国、ソンガイ帝国時代に「黄金の都」と称されたトンブクトゥへも足を延ばす。幼少期にいつも眺めていた学童用地球儀にも載っていた地名で、「砂漠の真ん中にどんな人が住んでいるのだろう」と子供心に不思議に感じていた土地。家の中に押し寄せる砂を掃き出す婦人の姿（イラスト）が、強く印象に残る。

＊離島を順繰りに経由する航空路線。

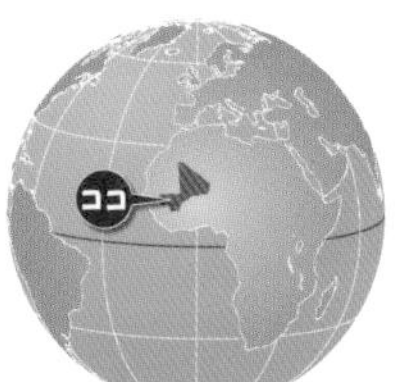

1999.12～2000.1

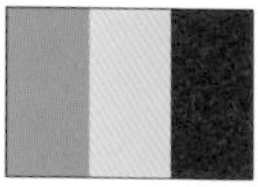

マリ

成田↓バンコク↓アディスアベバ(エチオピア)↓ンジャメナ(チャド)↓ニアメ(ニジェール)↓バマコ

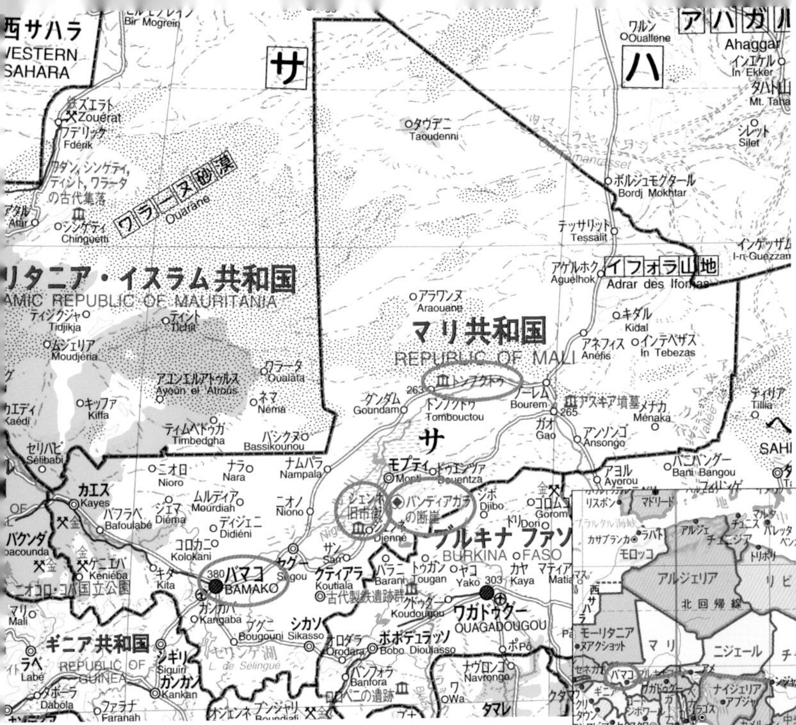

『最新基本地図 2023 』1 : 18 500 000（帝国書院）

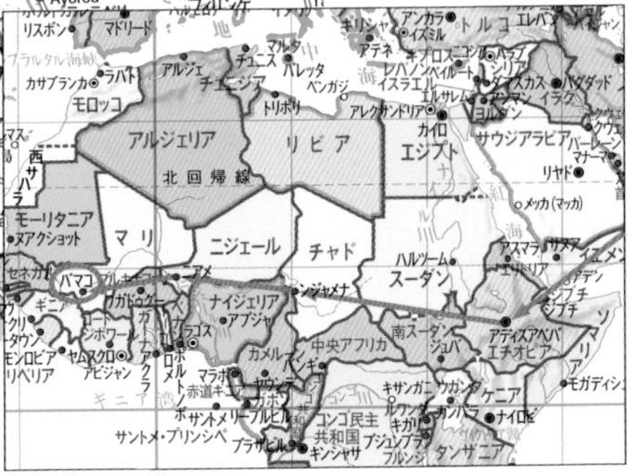

アイランド・ホイッピングのルート
『最新基本地図 2023』1 : 100 000 000（帝国書院）
× 0.77

部族の長老と思しき座像
高さ 25㎝。

マリ版菅笠フラニ帽子
マリでは稲作も盛んに行われている。

ジェンネの土曜市にて。

現地民芸品骨董店で購入した木像
白人の店主が薦めてくれたが、「汚し」がうぶっぽいようにも見える。鑑定やいかに !?　高さ 39㎝。

ドゴン族の祭祀の動物面
羚羊《れいよう》を模す。重さ 2.8kg。贈ユーラシア旅行社。

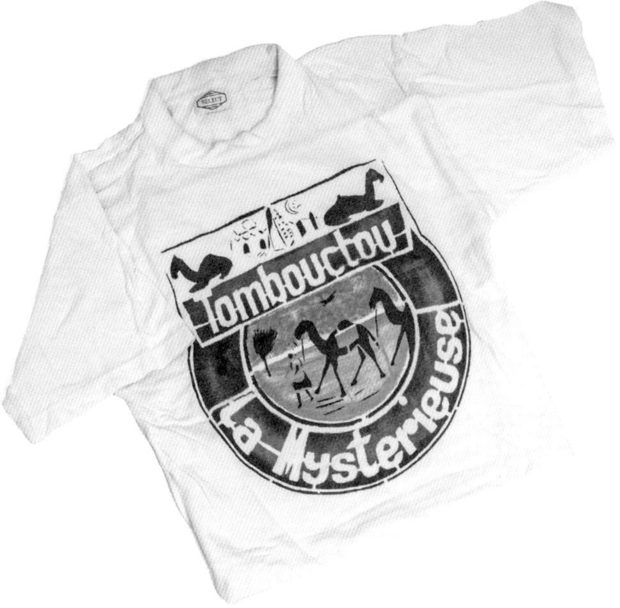

「黄金の都」トンブクトゥＴシャツ

首都バマコ、グランドホテル・バマコのシャンプー
観光客の絶えたマリ、どうなっているのか……。

2000 年元旦、夜の間に屋内に侵入していた夥しい数のエンマコオロギ（日本産と酷似）を手箒《ぼうき》で掃き出していた。ほぼゴキブリ扱い。

泥染め
スカー

『最新基本地図 2023』1：14 500 000（帝国書院）

すったもんだのノルウェー、スイス

1997.12

スッタモンダして薄着のまま到着したホニングスヴォーグ。当時は本土とマーゲル島の間はフェリーが運航していた。

で、ホニングスヴォーグで何をしたわけでもない。白夜の夏場は全欧からの観光客で賑わうノールカップへはスノーモービルを使えば行けるということだったが、その気力も湧かず、漫然と宿で暖を取るにとどまった。後にカミさんだけは、夏場の北欧旅行に出かけ、ノールカップ到達を果たしている。

本書をここまでお読みいただいてお分かりのように、私の旅先には中欧がごっそり抜け落ちている。結局、今もって英独仏には行っておらず、南欧スペイン、ギリシャもまだ。

そんな中、スイスへはカメルーンへの往路に乗り継ぎのため一泊した。チューリヒ空港にごく近い、いわゆる乗り継ぎ《トランジット》用ホテルだった。到着したのが夜だったので、市内観光もナシ。ただ夕食を摂るために街へ出た。通りにはクリスマスのイルミネーションが残っており、年末の華やぎを見せている。手っ取り早くテキトーにあたりをつけてレストランに入るが、そこはチューリヒ、そこそこ小洒落ていた。

私はそこで初めてリゾットなる一皿を注文した。ひどく塩辛く、米も生炊きであった。何だコレはと悔いつつもいただく。リゾットとはそもそもそういうものと知るのは、日本へ帰ってしばらく後のこと。もう一度試してみようと都内のレストランで食べてみたのだ。さすがにチューリヒのほどしょっぱくはなかったが、米に芯が残っているのに変わりはなかった。これに懲りて以後、三度目のリゾットは食していない。

そんなチューリヒでの唯一の収穫はカメルーンへ発つ前に空港で買ったスイス製ネクタイ（写真）。図鑑級リアルを追求した蛾柄！

ヤママユガ、ルリシタバ、オオベニシタバ、メンガタスズメ、ベニスズメ、アオシャク、ヒトリガ、コケガの仲間まで。立派!!

3 南洋、アフリカ獅子奮迅篇

2000〜2002

本篇で訪れた国

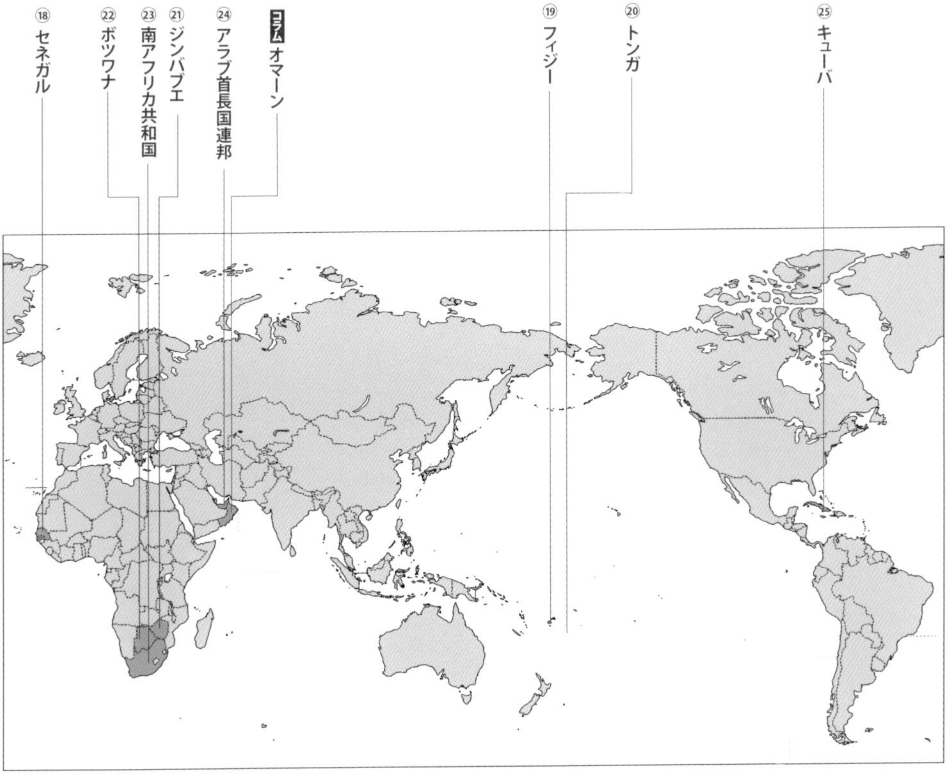

⑱ セネガルの「負の世界遺産」と相撲に飛び入り負け

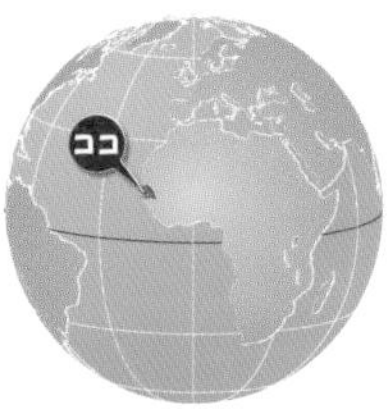

2000.1

セネガル

バマコ(マリ)⬇ダカール⬇バマコ⬇ニアメ⬇ンジャメナ⬇ナイロビ⬇アディスアベバ⬇バンコク

マリのバマコ西郊、ギニア国境に近いクリコロを訪れた後、空路でセネガルの首都ダカールへ。自動車レース「パリ・ダカールラリー」のゴールとしても日本人になじみの街であった。

ダカール自体にはさして目ぼしい観光資源があるわけでもないが、ここを訪れた際の必見は沖合のゴレ島。奴隷貿易が恒常的に行われていた頃、奴隷の「積出し港」となった島で、いわゆる「負の世界遺産」として登録されている。貿易に携わった商人の邸が遺っており、そこで、ガイドから当時の状況など説明を受ける。耳を傾ける人の顔はどれも神妙で、中には自身のルーツに思いを馳せてか、涙ぐむ人の姿も。

驚かされるのはその商館の構造で、大西洋を望む見晴らしのよい階上はその商人の居住部分となっており、階下部分が積出し前の奴隷のいわば保管室。外光もろくに差し込まぬ牢のような狭い部屋で、ここにビッシリ押し込まれていたという。僅か床板一枚下に人間を押し込めておきながら、階上で我が世の春を謳歌するという、いくらそんな時代だったからとはいえ、あまりに愚かで恐ろしい光景だ。

そんなゴレ島も、「負の世界遺産」を伝えつつ今では観光の島となっている。海辺のレストランだけを見ればそこらのビーチリゾートと遜色ないほど。

宿泊は本土、ラグナビーチという浜の白亜のリゾートホテル。私はあまり好きではないのだが、レストランではウニが山ほど積まれ、好物とする客にはたまらないもてなしであった。

また、ホテルの庭で相撲によく似た現地の格闘技の模擬取組も披露され、こちらは黙って見ていられず、飛び入りで参加するも速攻でブン投げられ●《黒星》。相手は足腰は強靭、腕も長く、かないっこない。

『最新基本地図 2023』1 : 10 000 000（帝国書院）

西アフリカ CFA《セーファー》フラン旧紙幣と硬貨

セネガル、マリ、ニジェール等、フランスを旧宗主国とする西アフリカ諸国に加え、旧ポルトガル領ギニアビサウで流通。硬貨の図柄は旧アシャンティ王国で用いられていたノコギリザメを模した度量衡器の重し。

セネガル力士が日本の大相撲に参入したら、モンゴル旋風の比ではないと思う。

西アフリカの女性立像
西アフリカで一般的なグランブーブー（上っ張り）とパーニュ（腰巻き）姿の女性像。高さ 30㎝。

ダカール市内で売り子の少年から買った面

ガゼルビール
数多《あまた》のビール瓶コレクションの中でも屈指の逸品。

バオバブをあしらったＴシャツ
バオバブはアフリカ大陸を象徴する樹木だが、マダガスカルのものとは樹形が異なる。

カラフルな手漕ぎ舟のミニチュア
遠く離れた、地中海マルタ島の舟によく似る。全長 27㎝。

「奴隷商人の家」
ゴレ島の奴隷商人の館、大西洋に面した裏手に開く小さな「積出し口」。ここから移送された多くの黒人奴隷は、二度と再び故郷アフリカ大陸に戻ることはなかった……。

⑲「スル」を着てフィジーで面が割れる

2000.2

フィジー

成田↓ナンディ

一九九四年暮れにニューギニア島へは行っているが、南太平洋のビーチリゾートの島はこれが初。目的地はトンガであったが、往、復路に一泊ずつ日本との直行*便が運航されていたフィジーにも滞在した。

往路、空港で出迎えてくれたのは現地駐在の日本人の青年だったが、まずその出でたちに目が行った。「スル」という巻きスカートを穿《は》いている。

私はどこへ行っても、その土地の（民族衣裳とまではゆかずとも）普段着を買って着用するのだが、その「スル」がいたく気に入った。さっそく購入。その旅の間はずっとこれを着用した。

ただ腰に巻くだけのものとはいえ、そこにはきちんと着こなしというものがあるのだろう。その点、私の穿き方もおそらくはなってなかったろうと思われる。日本を訪れた外国人観光客がどうにも滑稽なキモノ姿を披露してくれるのと同じだ。

往き帰りに一泊ずつしただけで、フィジーでは別段何をしたわけでもないのだが、主島ヴィティレヴ島からさらに沖合のマラマラ島に渡ったときのこと。日本人の若い衆がビーチバレーに興じていたのだが、人生初、そこで「面が割れた」。「やくさんも一緒にやりませんか」とお声がけをいただいたのだ。おそらくはそれと同じ日。ナンディのホテルでも母娘《おやこ》連れが声をかけてくれた。当時、フジテレビで土曜午前に放送されていた長尺情報番組に出演していたので、俄《にわ》かに認知度が増していたのか。ありがたいことだなぁと、南の島でシミジミ感慨に耽ったのを覚えている。

あ、そういえば、先ほど「何をしたわけでもない」などと書いてしまったが、フィジーでは初めてラフティングを楽しんだのだった。南の島に絆《ほだ》されて、珍しくはしゃいでいたのかもしれない。

*その後、直行便の運航がたびたび休止されていたが二〇二三年四月より再開予定。

『旅に出たくなる地図　世界』（帝国書院）

フィジーのトイレットペーパー
海外のトイレットペーパーは凡庸・無機質なデザインのものが多いが、こちらフィジー産は南国らしい配色。

男性用巻きスカート「スル」
日本の夏もコレでよくないですか？

フィジーの紙幣
英連邦構成国であり、紙幣にはエリザベス女王（当時）の肖像。

ヤシの実製人形
みうらじゅん氏いうところの「いやげ物」海外版。高さ 17㎝。

フィジーのラフティング風ボトルケース
マリンレジャー国の印象が強いフィジーだが、ラフティングを楽しめる急流もある。

伝統柄の買い物カゴ
日本帰国後も実用に供した。左右 41㎝。

伝統的家屋（上）と集会所の建屋（下）
集会所は各村に在り、日本の公民館的役割を担う。ともに高さ6cm。

「カバの儀式」に用いられる「タノア」
ヤンゴーナと呼ばれるコショウ科の木を擦りつぶして溶かした飲物＝カバが祝いやもてなしの席で振る舞われる。舌に少々刺激を感じ､量を飲むと酔っ払うようだ。直径18cm。

20

トンガの離島で貝殻ヌードを撮る

2000.2

トンガ

ナンディ(フィジー)⬇ヌクアロファ⬇ファファ島

フィジーから最終目的地トンガへ。

一九七〇年代中頃、日本の大相撲にトンガから複数の力士が入門し大いに話題となった。彼らが、中途で部屋相続のトラブルに巻き込まれて廃業を余儀なくされたのは残念だったが、それ以後、親しみを抱いていた南洋の王国である。日本からの直行便があるフィジーまでは日本人で賑わっていたが、トンガまで足を延ばす客はごく少ない。このときもヌクアロファ行きの便に乗り合わせたのは、私らともう一組の若い女性の客だけであった。

島の第一印象、野犬が多い。まぁ、きちんとリードをつけて飼う方が世界的に見れば少ないわけで、野犬化もやむをえまい。太平洋諸島では狂犬病も発生しているので手はもちろん出さないが、逆にあちらから襲ってくることもない。むしろ総じてヘコヘコしていて弱々しい。

第二に、ＩＴ教育が先進的。おそらくは日本の高校生に相当する年齢の学生たち。皆きちんと制服を着こなし、手にはノートパソコンを携えている。ウチの事務所がパソコンを導入するのは、それから一〇年以上も先の話。私に至ってはいまだに扱い方を知らずにいる。それに引き換えここトンガの学生諸君の先進性たるや！　これも国王トゥポウ四世（当時）の肝煎り政策だろうかと感心したものだ。

宿泊は主島トンガタプ島から小舟で渡ったファファ島。小さな島まるごとの隠れ家リゾートである。

他に客の姿もなく、私はここぞとコテージ前の浜で武田久美子ばりの「貝殻ヌード」撮影を敢行する。このためにホタテの貝殻を一枚持参していたのだ。――が、撮影開始ほどなく、ビーチに人の声。トンガ行きの便に乗っていたムスメッコがファファ島まで渡っていたとは！

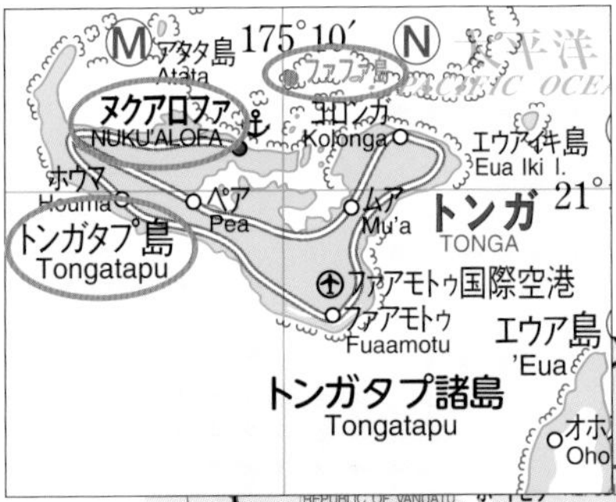

『最新基本地図 2023』1 : 1 360 000
（帝国書院）　× 1.45

『最新基本地図 2023』1 : 55 000 000（帝国書院）

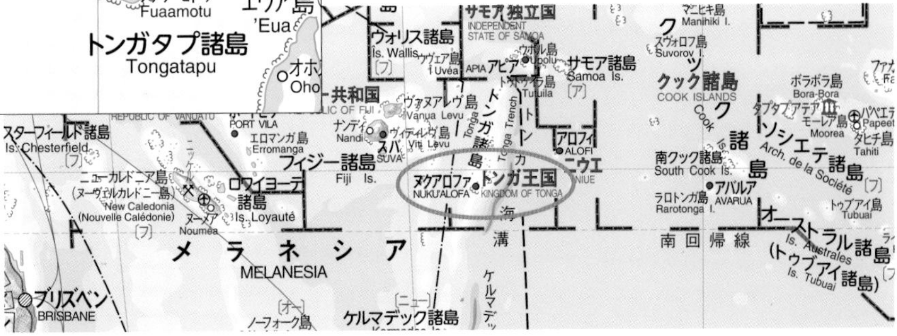

トンガの旧紙幣
トゥポウ４世国王（当時）の肖像をあしらった旧紙幣。大の親日家として知られた。

トンガのランチョン・マット
首都ヌクアロファのある主島トンガタプからボートで30分。1島1リゾートの島ファファ島のランチョン・マット。

トンガの男女の正装の人形
女性プレタハ（右)、男性の巻きスカートはトゥペヌ（左)。双方、腰にキエキエを巻く（ゴザ状の腰巻きはタオバラ)。高さ各 21.5㎝。

ポリネシアの面
普遍的な魔除けティキ神の面。縦 43㎝。

地球上で 2000 年紀を最初に迎えることを祝う記念切手
実際にはキリバスの東端の方がわずかに早く迎えた。

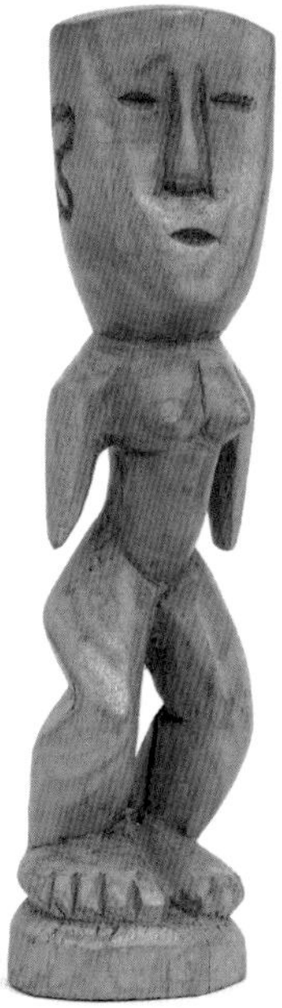

伝統的女性木像
高さ 30㎝。

トンガタプ島全土をあしらった
プレート飾り
直径 30㎝。

他に誰もいないプライベートビーチで人生２度目のヌード写真撮影（初回は群馬県沢《さ》渡《わたり》温泉）。股間を隠すホタテの貝殻はわざわざ日本より持参。実際の写真をお見せできないのが残念です。

21 ヴィクトリア滝も ジンバブエ経済も 遷《うつ》りゆく

二一世紀となる瞬間をどこで迎えようかという話になり、二〇〇〇年暮れから南アフリカ三カ国周遊へ出かけた。

まずヴィクトリア滝《フォールズ》で名高いジンバブエへ。徒歩で滝の周囲を巡る周回遊歩道も整備されている。が、最も滝壺に近いあたりでは対岸の遊歩道まで水しぶきに覆われ、そこに立てば、言ってみれば豪雨の中に身を置くようなもの。さすがの水量に驚く。

さらにはヘリコプターに乗って上空からの遊覧も楽しめる。上から眺めると、この滝が長い年月をかけて徐々に上流へと場所を遷《うつ》しているのがよく判る。水が流れ落ちるポイントは水流で削られてゆき、結果として滝は上流へ上流へと後退してゆくわけだ。で、何かの要因で少し（といっても長い年月だろうが）そこに留まり、また後退してゆく。なので上空からは先代の、先々代の、先々々代……の滝の位置まで一望に出来る。

2000.12

ジンバブエ

成田⬇香港⬇ヨハネスバーグ(南ア)⬇ヴィクトリアフォールズ

この調子でゆくと何千万年後かにヴィクトリア滝は隣国ザンビアを突き抜けて、さらにアンゴラにまで達するのか？（知らんけども）。

さて、私らが訪れたこのとき、ジンバブエの経済はごく平穏な状態だったのだが、世紀をまたいで後、猛然たるハイパーインフレがこの国を襲う。凄まじい勢いで紙幣の「0」の数が増え、二〇〇九年には遂に一〇〇，〇〇〇，〇〇〇，〇〇〇，〇〇〇（一〇〇兆）ジンバブエ・ドル紙幣が発行される。

このときジンバブエの再訪を企図し、現地で一〇米ドルでも両替すれば、それこそ巨万の富を得たかのような枚数の現地紙幣を手に出来るはずと目論んだ。ベッドに札を敷きつめて宙に舞い上がらせる――そんな写真を撮ろうと考えたが、あいにくと同じ頃、ジンバブエはコレラ禍に見舞われ、渡航ならず。やってみたかったのになぁ。

『新詳高等地図』1 : 21 000 000（帝国書院）

1999 年暮れに実際に流通していた 5 ジンバブエ･ドル紙幣

ハイパーインフレーションの結果、より高額紙幣の発行が続き……。

100 兆ジンバブエ・ドル紙幣

2009 年、ついに 100 兆ジンバブエ・ドル紙幣が発行されるに至る。その直前 08 年には 1 米ドル＝12 兆ジンバブエ・ドルに達していたという。

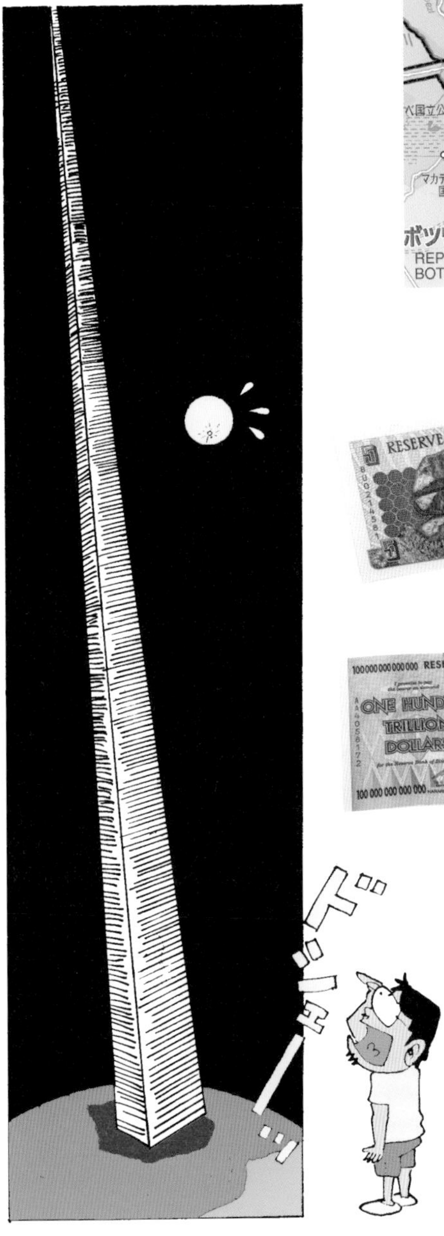

100 兆ジンバブエ・ドル(Z$) 紙幣をすべて 1Z$ 紙幣に両替えして積み上げると、地球と月の距離の 26 倍以上の高さに達する(紙幣の厚さ 1 枚 0.1 mmで計算)。

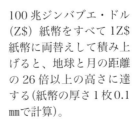

ジンバブエ航空の汚物袋

ヴィクトリアフォールズ空港免税店のレジ袋

ジンバブエ航空の機体模型
ヨハネスバーグ（南ア）→ヴィクトリアフォールズ空港間を搭乗。

ジンバブエの食器
唯一、ジンバブエで買えた土産物。動物柄の可愛らしい食器。かなりの頻度で現役稼働中。

ヘリコプター遊覧のパンフレット

ヴィクトリア滝　ヘリコプター遊覧可能。

22

ボツワナのザンベジ川にて野良ゾウとJICA隊員に遭遇

2000.12

ボツワナ

ヴィクトリアフォールズ―（陸路）―カズングラ

ジンバブエから陸路ボツワナへ入る。

面白かったのは国境の検疫で、ジンバブエ領内を走って来た車のタイヤを、薬液を満たした小さな水濠にくぐらせて消毒する。悪いウイルスなど国境を関係なく往き来するだろうに、タイヤだけ消毒することになんの意味があるのかと笑ったが、なに、今日新型コロナウイルス感染を恐れ、どこぞへ入るたびに手指の消毒をしている自分も変わりはない。今にして思えばだけれど。

さて、こちらボツワナはアフリカゾウの生息数が多いことで知られるが、なるほど舗装道路を車で走っていても、道端の小藪から普通に野良ゾウが姿を現す。あまりに至近距離では対峙したくないので、ゾウ見物は必然的に川からということになる。

ザンベジ川には川岸に集まるゾウを船から観察する〝アトラクション〟が用意されており、こちらだとゾウまでかなり距離を詰めて近寄ることも可能だ。

ところがそうしてゾウ見物を楽しんでいると、一艘の小型ボートが私らの乗った船に横付けされ、金髪女性を侍《はべ》らせサングラスをかけたチャラ男が乗り込んできた。何者かと思ったが、彼は日本人で、しかもいきなり「やくさんですよね、一緒に写真撮ってください」と頼まれた。

聞くと現地に派遣されているJICA《ジャイカ》（国際協力機構）の隊員だという。それはそれはご苦労さまですとは思ったが、そもそもなぜ？　ザンベジ川を航行中、たまたま見かけたわけでもあるまいが、さりとてツアーにはもちろん本名で参加しているし、呆気《あっけ》にとられてそのことを問い返すことも出来ぬまま、彼はまたオネエちゃんとともに自分のボートを走らせていった。

せめてお名前くらい尋ねておけばよかったが。心当たりの駐ボツワナ隊員、いらっしゃいませんか。

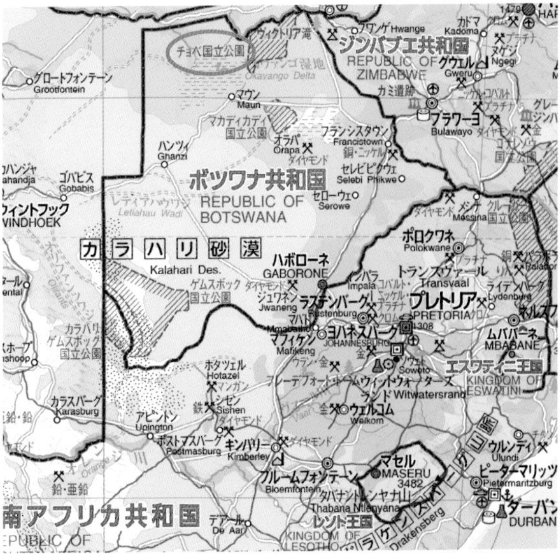

『新詳高等地図』1 : 21 000 000（帝国書院）

ボツワナの国旗柄紙袋
後年、東京・辰巳で行われた旅行博（現ツーリズム EXPO ジャパン）のボツワナ国ブースにて配られていた国旗柄紙袋。参考掲載。

入国時にタイヤを洗う
ジンバブエからの陸路入国の際、バスのタイヤも〝入念に〟消毒。

ロッジの宿泊者カードとバスソープ
チョベ国立公園「モワナロッジ」の宿泊者カードとバスソープ。動物三昧の野趣に富む。

ボツワナの紙幣
ボツワナの通貨単位は「プラ」。したがって10Pula紙幣は「テンプラ」となる。肖像は第２代大統領クェット・マシーレ。プラの信用格付けはアフリカでも最も安定している。

ザンベジ川のワニの木彫り
角鱗の表現もよい出来。全長36.5㎝。ザンベジ川で目撃したワニ（右）は、各所で見た個体のうち最大級。

舗装された自動車道をフツーに走行していても、道端から野良ゾウが顔を出す。どうりで路上駐車がないワケだ。

23

南アフリカ共和国の世界一の豪華列車で「バトラー！」と呼びつける

2000.12〜2001.1

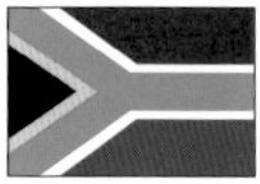

南アフリカ共和国

（ボツワナ）→ヴィクトリアフォールズ→ヨハネスバーグ→プレトリア

二〇世紀最後の夜は南アフリカ共和国の首都プレトリアで迎えた。

世紀の替わる瞬間はさぞや盛大に騒ぐのだろうと考えていたが（宿泊したホテルでも年越しパーティーがおこなわれると案内を受けていた）、疲れて眠ってしまい、気がついたら二一世紀になっていた。

晴れて二一世紀元日。プレトリア発ケープタウン行き「ブルートレイン」の二一世紀始発列車に乗る――そのためにこの旅先を選んだのだった。私自身、特に鉄ヲタというわけではないが、この始発列車に乗る栄誉に浴することが出来たのは世界で僅か八〇余人（当時の車輌編成）。ありがたみ一入《ひとしお》である。

この〝世界一の豪華列車〟とも称されるブルートレインは、始発駅プレトリアを出、途中、キンバリーでダイヤモンド鉱山坑の見学を挟み、まる一日以上かけてアフリカ大陸南端の街ケープタウンまで走る。客室内は上質のマホガニー材で覆われ、ふんだんに金錺《かねかざり》があしらわれている。手入れも行き届いており、「走るホテル」以上の質感。各車輌には専属の執事《バトラー》（！）も配される念の入れようだ。その執事には、その少し前までアパルトヘイト政策によって厳然と差別されていた黒人男性が就いている。彼らにとってはまことに名誉なことのようで、私らの車輌の担当氏も「自分はこの仕事を大変誇りに思っている」と胸を張って話してくれた。

ところが当時、私らは〝butler〟なる単語を知らず、これをてっきり固有名詞と思い込んでいた。カミさんなど親しみを込めて「バトラー^□^」と声掛けしてもいた。後になってこれが「執事」を意味する単語と知り、大慌てとなる。なにせ「執事！」と偉そうに呼びつけていたに等しいわけで、カミさんは今でもこの話になると「もう触れてくれるな！」と赤面しまくるのだった。

『新詳高等地図』1 : 21 000 000（帝国書院）

ヨハネスバーグの黒人居住区のコラージュ
人種差別政策こそ廃止されたが、黒人の居住区は厳然と存在し続ける。ヨハネスバーグ・ソウェト地区の雑然としつつも活気あふれる家並みを廃物利用で描いた作品。

大西洋とインド洋の混じりあう海域の水
喜望峰土産。自分でも汲み取っているが。

“世界一の豪華列車”と賞讃される「ブルートレイン」
プレトリア⇔ケープタウンの車内で販売されている写真集とアメニティの置き時計。

ダイヤモンド鉱山の街キンバリーの置物
ブルートレインはダイヤモンド鉱山の街キンバリーで途中停車。左右 21㎝。

ダチョウの卵アート
卵本体の直径 14㎝。さすがに手荷物に入れて持ち帰った。

かなり装飾的な木製面
どの部族のものか判然とせず。情報をお持ちの方、ご教示を。

南ア土産の定番ンデベレ人形
ンデベレ族は北東部トランスヴァール地方などに居住する。高さ26㎝。

アフリカ大陸「最南西端」喜望峰に到達
最南端は150㎞東のアガラス岬。

24

アラブ首長国連邦のブルジュアルアラブのビッカビカ部屋に唸る

アラブ首長国連邦に「七つ星」とも称される超豪華ホテルが出現したという。今、個人旅行で手配しようものならドえらい宿泊料を取られそうなものだが、オープン記念特価キャンペーンでも実施していたのだろうか、並のホテル泊とさして変わらぬ金額でパックツアーが販売されており、ホイホイと出かけしまった。

一泊目はジュメイラビーチホテル。こちらも十分立派なホテルで、砂漠の国にどこからこれだけの水を手配するのかと驚く大型娯楽プールが併設されている。

そこではしゃぎまくった後、二泊目の〝本丸〟、ホテル「ブルジュアルアラブ」へご案内と相成るのだが、隣のホテルへ移動するのに真っ白なロールス・ロイスがお迎えに来る。カミさんが先に後部座席に乗り込み、無意識のうちに奥につめようとした。すると運転手さんがすぐさま反対側のドアを開けてくれたので私はそちら側から座席へ。タクシーじゃないのだから、奥へつめる必要などないわけで、カミさんと後部座席でようよう笑いをかみ殺した。乗り慣れないものに乗り、日頃のビンボー性が出てしまったではないか。

そして「格安料金」のブルジュアルアラブへ入城。館内は遙か高みまで吹き抜け構造で、周囲の客室はすべてスウィート。これまたフロア毎に執事（？）が配されている。室内はメゾネット形式。もちろんピカピカ（というよりビッカビカ）の内装で、入るとすぐにふかふかのベッドが置いてある――と思ったらそれはただの荷物置き台だった。客室の壁にしつらえられた大型テレビの画面の枠はこれまた金ピカ仕様。画面が見辛いったらない（笑）。

一日にも満たぬ滞在ではあまりに惜しい。エルメス製のアメニティはよい土産になったが。

2001.2～2001.3

アラブ首長国連邦

成田↓ドバイ

『最新基本地図 2023』 1:8 400 000（帝国書院）

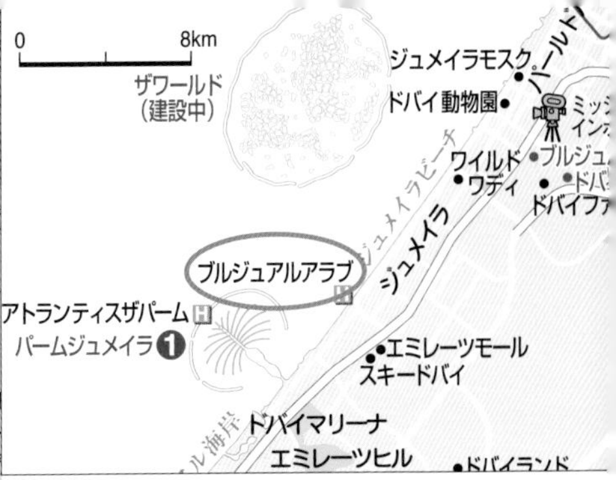

ドバイ市街。『旅に出たくなる地図　世界』（帝国書院）

アラブ首長国連邦の絵皿
ドバイの名は知られていても、アラブ首長国連邦全土のイメージは薄いのでは。昭和 40 年代半ばに覚えた 7 土侯国の名称は今でも暗《そらん》じられる。直径 14.5㎝。

「ブルジュアルアラブ」のリビング
金と青を基調とする。テレビ画面も金枠。

日本人の体格でも少し小さめと感じたフカフカのベッドは、実はスーツケース置き台であった。

「ブルジュアルアラブ」の写真集
オープン当初、「七つ星ホテル」と称された。ホテルだけを被写体とした写真集も編まれている。

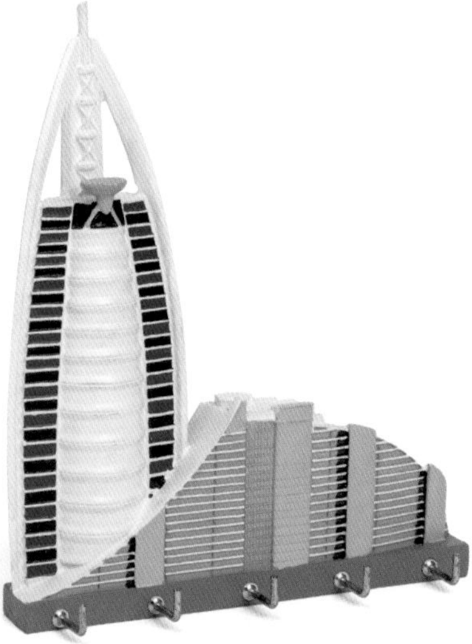

「ジュメイラビーチホテル」のフック
「ブルジュアルアラブ」と併設されている。大規模遊園地型プールを備え、砂漠の国にいることを忘れるほどのドバドバの淡水天国。高さ14㎝。

ドバイで買ったミニ宝石筥《ばこ》

ドバイの隣、フジャイラの2ディルハムショップ（日本の100均のような店）で購入した、どこの国の製造かわからないが、見た目ゴージャスなミニ宝石筥。当時のレートで80円ほど。横52㎜。

「ブルジュ～」のアメニティ

「ブルジュ～」のアメニティのひとつ、エルメスのオードトワレ「ロカバール」。もちろんお持ち帰り自由。値段を調べて驚いた。

皮革製ヒトコブラクダ

鼻先から尾の先まで19㎝。

ドバイの鷹匠

ハヤブサを操るショーを見せてくれる。高さ10.5㎝。

25 経済封鎖のキューバ アメ車クラシックカーと 街中に響く音楽

2001.12〜2002.1

キューバ

成田➡メキシコシティ➡ハバナ

二〇〇二年正月の旅行先は初めての中米、キューバに決定。団体ツアーではなく個人手配の旅行となった。

旅先にハズレはないのだけれども、キューバはとりわけ行っておいてよかったと思える国のひとつ。そういえば世界中を駆け巡っているベテラン添乗員さんも「プライベートで旅行するならキューバ」とおっしゃっていたし。

このカリブ海の島国の特異な点は、とにもかくにも対峙する米国から長きにわたり経済封鎖を受けていること。ために特にハバナの街などは封鎖前に走っていたアメ車が修理に修理を重ねて今もって現役で走り、世界遺産に登録された旧市街の家並みも、革命前のまま存続せざるを得なくなってしまった。そのタイムスリップ感に呑気な観光客は惹かれるのだ。

殊に、米国では博物館でしかお目にかかれないような一九五〇年代のアメ車が普通に路上駐車している様に興奮。そのボンネットに肘《ひじ》をかけ、マイカー気取りで写真を撮りまくっていたら、その手の写真だけでアルバム二冊にもなってしまった。

また観光客は、キューバの外貨獲得に資するべく買い物等はすべて米ドルでの支払いを求められる。そんな外国人客に買わせる土産類も多彩で、私もチェ・ゲバラや当時のカストロ首相の人形など嬉々として買い漁る始末——。

一方でキューバ国内の実生活はかなり逼迫《ひっぱく》している様子で街中の食料品店など店内に品物はほとんどなく、それでも何かしら手に入れようとする人が列をなしていた。

だのに暗くならないところがキューバ人のいいところで、そんな窮乏生活を吹き飛ばすような明るさで、そこここから音楽が聴こえてくる。だいぶ救われた。

『旅に出たくなる地図　世界』（帝国書院）

ジオラマ風キューバ島の置物
「ワニの形」と形容される。幅 14㎝。

ハバナ内務省ビルの壁面に描かれている巨大チェ・ゲバラのミニチュア
高さ 16.5㎝。

チェ・ゲバラの３ペソ紙幣
観光客は米ドル紙幣の使用を求められるが、現地通貨はペソ。外国人にも人気というチェ・ゲバラの３ペソ紙幣は流通量が少なく、現地のオバちゃんが見つけてきてくれた。

オーバーヒートの旧車
街中、オーバーヒートを起こした旧車とドライバー。油彩８号。

ハバナの建屋ミニチュア
世界遺産ハバナ旧市街。半世紀以上にわたる経済封鎖により、朽ちつつある街が皮肉にも世界遺産に。その老朽化ぶりをよく示した建屋ミニチュア。高さ 11㎝。

ゲバラとカストロの土産物
もー、何かにつけてチェ・ゲバラとカストロ元首相が土産物のモチーフに。高さ各 9.5㎝。

キューバ名産の葉巻をくわえたママの面
街のいたる所で、実際にこんなオバちゃんを見かける。縦 25㎝。

ハバナの老舗バー＆レストラン「ラ・ボデギータ・デル・メディオ」のある風景を描いたミニ額絵
かのヘミングウェイの愛した店でもあり、いつも満員。こちらでモヒートをいただく。額絵 14×10㎝。

ハバナのアメ車
経済封鎖前に輸入されたオールデイズのアメ車が、直し直し現役で走っているのがキューバ。路駐のアメ車がイカしすぎる。己の愛車のように撮影。

『新詳高等地図』1：17 000 000
（帝国書院）

2001.2

さすがに食べきれぬオマーン料理

アラブ首長国連邦の滞在期間中に、隣国オマーンへの日帰り旅行が組み込まれていた。砂漠を突っ切る不釣り合いなほど整備された自動車道を走り、国境手前の街アル・アインへ。短い観光の後、オマーン側国境の街ブライミーへ入る。

　このブライミーまでは入国の手続き不要で、アラブ首長国連邦との間は自由に往き来可能だ。一泊もせずとも領内に入り、一食でも済ませれば「行った国」とカウント（航空機の乗り継ぎで空港内に降り立っただけではカウントされない私らのルール。マダガスカルの往復で立ち寄ったモーリシャスなどはその例）。従ってオマーンも行った国となる。

　昼食はオマーン料理であったが、銀色のゆで卵スタンドのような器にさまざまな副菜が盛られて供される。香辛料の利いた野菜の和え物だったり、豚肉ではない肉類をどうにかしたもの（雑な表現、ご容赦）だったりだが、なにせ数が多い。常々完食を旨とする私もさすがに食べ切ることができず申し訳ないことをしてしまった。

日干し煉瓦片

　食後、ブライミー近郊にあるハッタ渓谷へ。ここがアラビア半島とは信じられぬほど緑豊かな美しい渓谷。この水の流れをバッシャンバッシャン蹴立てて四駆車が走る。なるほど、これが乾燥した地域には珍しい水遊びアトラクションなのだな。日本でやったら大顰蹙《ひんしゅく》を買いかねないけれど。

4 ベトナム、カナダ驚天動地篇

2002〜2004

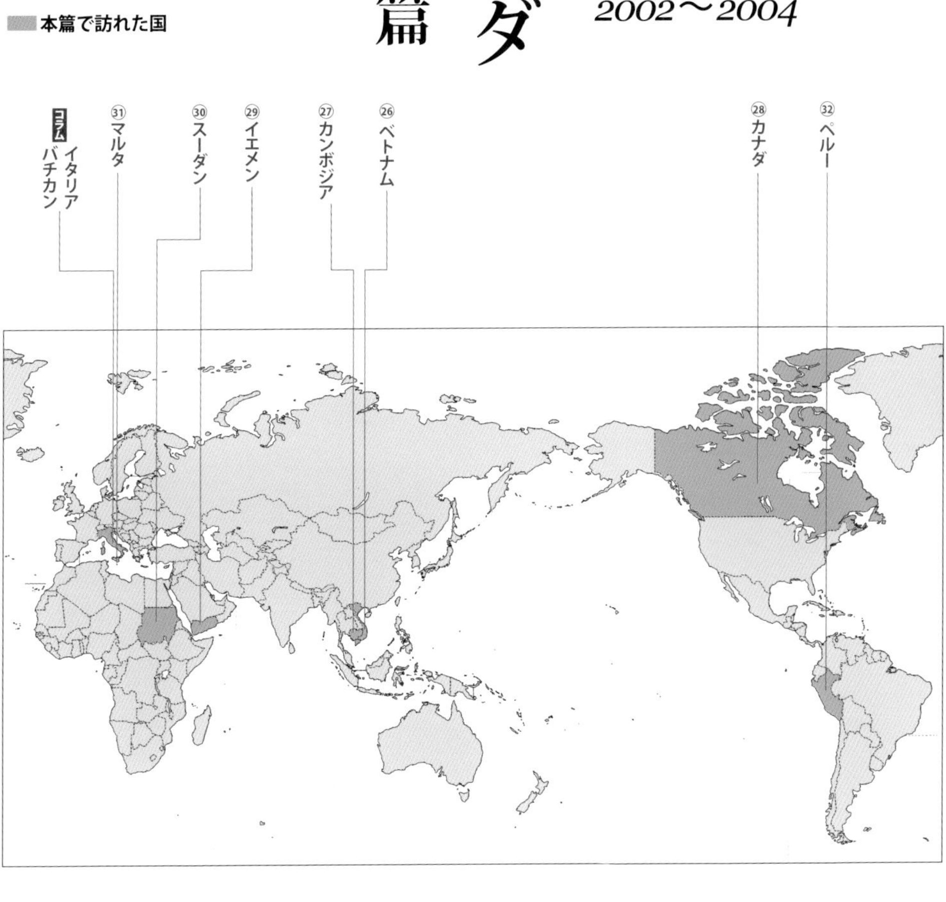

26 活気のベトナムでホー・チ・ミンを偲ぶ

2002.3

ベトナム
成田↓ホーチミン

やはり一度はカンボジアのアンコール＝ワットを見たいと考え、出かけた。経由地であるベトナム、ホーチミン市に一泊し、足早に市内を観てまわる。

一九五九年生まれの私はもちろん太平洋戦争を知らないが、自分らの世代だと、戦禍に苦しんだ国といえば、このベトナムをまず想起するのではないか。そのベトナム戦争ですら、終戦から半世紀近くが経過している。

私ら夫婦が訪れた二〇〇二年の時点ですら終戦から二七年経っており、日本の戦後一〇年間の経済成長を言い表した有名な文言「もはや戦後ではない」（一九五六年『経済白書』）風に申せばベトナムも、「とっくに戦後ではない」と言えた。街中に横溢《おういつ》する、ありすぎる活気。交通信号で停止中のオートバイはマラソンのスタート地点のように犇《ひし》めき合い、青に替わるや凄まじいエンジンの爆音とともに走り出す様は、この若い国の勢いそのままと感じた。

あちらにとっては日常的な光景が、ある種の違った感慨をもって外国人に受けとられるというのは、東京・渋谷のスクランブル交差点が観光地化しているのと相通じるところがある。

そのベトナムの現行通貨「ドン」の紙幣に額面共通であしらわれているのが、「建国の父」ホー・チ・ミン。

ホー・チ・ミンに関してはおかしな想い出がある。小学校の同級生にO君という小柄、細身の学友がいた。彼はいつも、今でいうキャスケットのような帽子を被っていたのだが、その格好からウチのオカンはO君を「ホー・チ・ミン」と呼んでいた。今思い返すとなかなかな物言いだ。

本家ホー・チ・ミンが没したのが一九六九年。ちょうどO君とよく遊んでいた頃である。

『最新基本地図 2023』1 : 15 860 000（帝国書院）

ベトナムの国の形マグネット
南北約 1,650kmの S 字状をなすベトナム国土。

ホーチミン市にある「統一会堂」の絵皿
ベトナム戦争終結の地。

ベトナム航空機内軽食パッケージ
ホーチミン→シエムリエプ（カンボジア）搭乗。記念になるものは、もう、ゴミだろうが持って帰る質《たち》。

繁栄のベトナム
「平和になってよかった……」
自分らの世代には、ベトナムといえば「戦争」のイメージが残る。今日の復興、繁栄ぶりに接し、心から祝福。

アオザイ姿の女性の人形
高さ 9㎝。

『旅に出たくなる地図　世界』
（帝国書院）

世界遺産古都ホイアンの「来遠橋」
通称「日本橋」。元々の橋は16世紀末、当時の日本人街に架けられたことに由来する。ハロン湾、ホイアン等は2011年、カミさんがベトナム再訪時に訪れている。

卵の殻の絵画
細かく砕いた卵の殻をモザイク状に貼り付けた精緻な絵画。30×40㎝。

ホーチミンのつっかけ下駄
ホーチミンでオリジナルのつっかけ下駄を作ってもらう。お好みの台と爪革《つまかわ》を組み合わせられる。長年、勝手口で使用していたため褪色が著しい。

ドン紙幣
共通して「建国の父」ホー・チ・ミンの肖像が描かれる。10000 ドン紙幣（左）の裏面にはハロン湾のジャンク船。

27 アンコール＝ワット、アンコール＝トム、京唄子

2002.3

カンボジア

ホーチミン➡シエムリエプ

カンボジアを、というより世界を代表する遺跡寺院アンコール＝ワット。そのお膝元シエムリエプには国際空港もあり、首都プノンペンを経ずとも直接入ることが出来る。一方で、航空機がもたらす空気の振動がこの石造寺院群に影響を与えるのではないかとの指摘もあり、空港が近すぎることの弊害もあると知る。

長きにわたる内戦で荒廃していたアンコール＝ワット及びその周辺も、とっくに戦後ではなかった。

広く一直線に延びる石畳の参道から西大門をくぐる。三重の回廊壁面はクメール建築を象徴する彫刻が施され、現地ガイド氏による懇切丁寧な説明も入る。「コレガ『ラーマーヤナ』ノ……」。そういえば世界史の授業に出て来た。私は世界地理にはかなりの自信を持ってはいたが、世界史が絡むと途端に覚束なくなる。語学はもちろんのこと、世界史もきっちり頭に叩き込んでおくべきだったとつくづく思う。

さてこのアンコール＝ワットで、ことに日本人観光客に人気なのがプリヤ・ポアン（千体仏の回廊）。中庭に書き遺された森本右近太夫一房の墨書である。現在では判読不能な状態ではあるものの、一七世紀の半ばにはるばるこの地まで訪れた先人の跡を追うというのも楽しい。右近太夫はどのような感慨をもって、劣化進行前のこの巨大寺院を撫でたのであろう。

さらにアンコール＝ワットの北に位置するアンコール＝トムへ。こちらも広大な遺跡群で、その中核バイヨン寺院には「クメールの微笑」と讃《たた》えられる巨大な四面像が彫られている。御尊顔は故京唄子にとてもよく似ている。ピンと来ない若い衆には、ドラマ『渡鬼』で長くレギュラーを務めた「本間先生」*を演じていたお口の大きな女優さんといえば、まだしもお分かりか。

＊主人公五月《さつき》（泉ピン子）の妹・長子《ながこ》（藤田朋子）の旦那（植草克秀）の母親。

『最新基本地図 2023』1 : 15 860 000（帝国書院）

カンボジア国旗をあしらった
ミニペナント

アンコール＝ワット３日間通し入場券
金髪当時の顔写真入り。

アンコール＝トムのレリーフの置物
本文で「京唄子に似ている」と記した御尊顔のレリーフ。高さ 13.5㎝。

堂々たる青銅製アンコール＝ワット全景　142㎜四方。

カンボジアのビール「アンコール」
「アルコール」ではない。

プリヤカーン寺院で購入したトン・クロプー（鰐《ワニ》の旗）
仏教の守護神の一つである金毘羅《クンビーラ》（鰐魚）を象ったもの。葬儀の際は白色のものを用いる。長さ 16.5㎝。

シエムリエプの格式のあるグランドホテル ダンコール
現在はラッフルズ傘下となったようだ。宿に着くと掛けてもらえた絹製スカーフ。

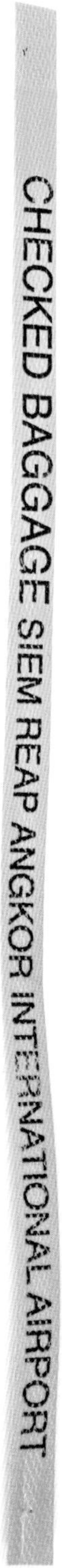

シエムリエプ空港の機内預け入れ荷物用結束バンド
空港の銘が入っている。

㉘ 父親と荒療治的カナダ旅行

2002.10

カナダ
成田⬇ヴァンクーヴァー⬇エドモントン／カルガリー⬇トロント

二〇〇二年頃から、父親に認知症の症状があらわれ始めた。父の性格からして病院で診てもらうことに諾々と同意するとは思えず、覚悟を決めた私は代わりに旅行に連れてゆくことにした。父にとっては七〇歳を過ぎてからの初の海外旅行となる。

行く先はカナディアンロッキーの観光の中心であるバンフ、ジャスパー両国立公園とナイアガラ滝。思いっきり絶景を見てもらい、せめて強烈な想い出を胸に焼きつけてもらおうという素人考えの荒療治だ。

ジャスパーではロッキーの雪原の上を大型雪上車で巡り、麓でラーメンを食べた。世界各所でラーメンを食べたが、間違いなくそれまでで一番の激マズ。その意味で父の記憶にも残るかもしれぬと自分に言い聞かせたものだ。

さらにバンフでは伝統ある「ザ・フェアモント・バンフ スプリングス」ホテルに宿泊。古城風のたたずまいがロッキーの山脈や針葉樹の森の中で威厳を放つ。ホテルの部屋で視たＮＨＫワールドで、たまたま私が出演した番組が放送されており、「まさか異国の地で息子がテレビに出ているとは！」と父がたいそう驚いていたのを想い出す。万年雪を抱く山並みとそれを水面に映すモレーン湖は、これまた世界的にも有名な絶景である。

旅のハイライトはナイアガラ瀑布。遊覧船で滝壺近くまで接近し、しこたま水しぶきを浴びながらの観光となる。父も童心に返ったような表情を見せていた。

さぁ、最初で最後の家族旅行（父、母、私とカミさん）をこの先も忘れてくれるなと思ったが、日本に戻ってわずかひと月後、父は呆気なく逝ってしまった。それこそ旅の話もせずじまいだったが、母によると「震えるほど感動した」と言っていたそうだ——。

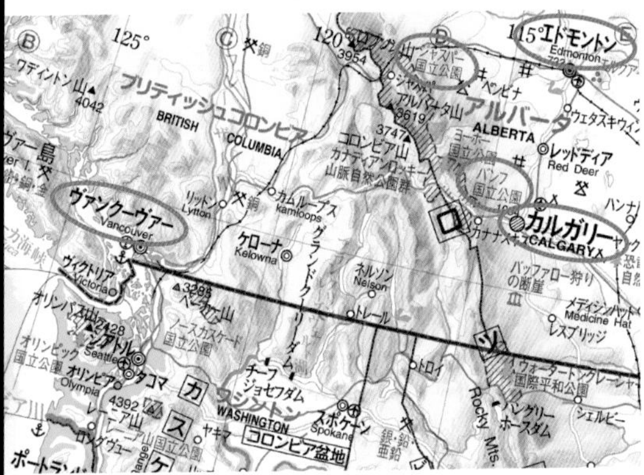

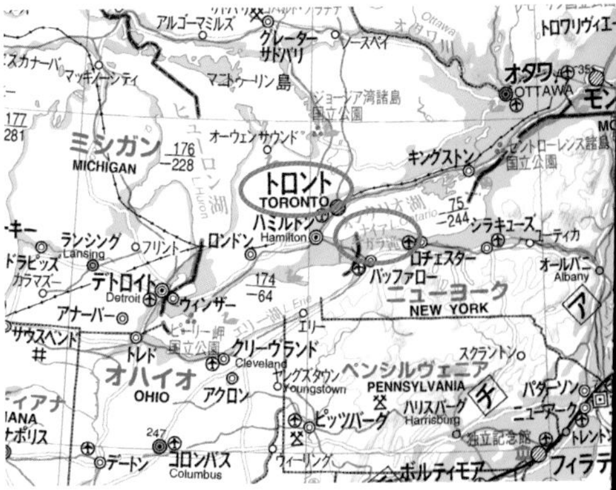

いずれも『新詳高等地図』1 : 16 000 000（帝国書院）

ネイティブ・カナディアンのテントのミニチュア
高さ 7㎝。

トロント・CN タワー
実物の高さ 553.33m。世界で最も高い遊歩道「エッジウォーク」が人気。鋭利な物としてトロント・ピアソン国際空港で没収されそうになる。高さ 19.5㎝。

名産品メープル・ティーの木製外箱
準ミニチュア民家として保存。幅 7㎝。

カミさん、「ナイアガラ滝」でマリリン・モンローに扮せば……（IKKO さんではない）。

ナイアガラ滝全景オブジェ
この手の土産物が一番ありがたい。幅 6.8㎝。

カナダ滝の滝壺遊覧船の塩入れ
遊覧船「霧の乙女号」（複数稼働）でカナダ滝の滝壺至近まで近づくことができる。長さ 12.5㎝。

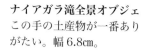

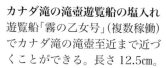

「キティ夫」用ポンチョ
捨てられていたポンチョの端切《はぎれ》で急遽拵えた。「ハローキティ電報」。

オオツノヒツジの壁掛け
オオツノヒツジ(ビッグホーン)のアニマルヘッド剥製を模したぬいぐるみ壁掛け。我が家の居間の壁、上部中央に飾られている。左右30cm。

カナディアンロッキー氷原観光バスのミニカー
コロンビア大氷原観光は大型雪上バスで。地球温暖化急な21世紀。いつまで運行可能やら……。

29 忘れがたく美しきアラブの国 イエメン

2002.12〜2003.1

イエメン

成田⬇ドバイ⬇サヌア

内戦が長引き食糧難も伝えられるイエメンも、以前は人気の観光地だった。アラブのお伽話の舞台さながらの「古き良きアラビア」の地。同じアラビア半島でも未来都市化するドバイ等とはまったく別の世界がひろがる。

どこへ行っても親日的で、日本人を見つけると「ヤバニ、ヤバニ！」（日本人、日本人！）と声をかけて寄って来る。私もまた友好の証しにとばかり、現地の服を着、男性の象徴たるジャンビアを帯刀して応じた。これは現代ではあくまで装飾的な存在で、むしろ抜くことは「男子の恥」と教えられた。

街の風景も「古き良きアラビア」世界そのものといった趣。建物の外観は地域によって特徴があるが、日干し煉瓦を積み上げた高層建築という共通点を持つ。首都サヌア旧市街のものは窓枠などに白いペイントが施され、全体に華やいだ印象。

これが東部のシバームとなると外観は砂色のままだが、高さはさらに増し、それが城砦の中にビッシリと林立する。「砂漠のマンハッタン」と称される所以だ。全景は川を挟んで対岸にある丘の上から眺望可能で、恰好のフォト・スポットともなっている。

だがなんといっても気がかりなのは、現在まで七年続き、終わりの見えぬ内戦だ。食糧難も深刻化しつつあるというくらいなので、もとより観光どころではあるまい。アラビア半島にありながら石油資源もない国であり、観光に依存する部分も少なくないはずだ。シバームの旧城壁都市のごく外縁部には、川の氾濫の影響で倒壊したものも残されていたが、現在あるものとて修復を加えていかなければ漸次劣化してゆくことは免れまい。この観光資源を守るためにも、一日も早い和平を。

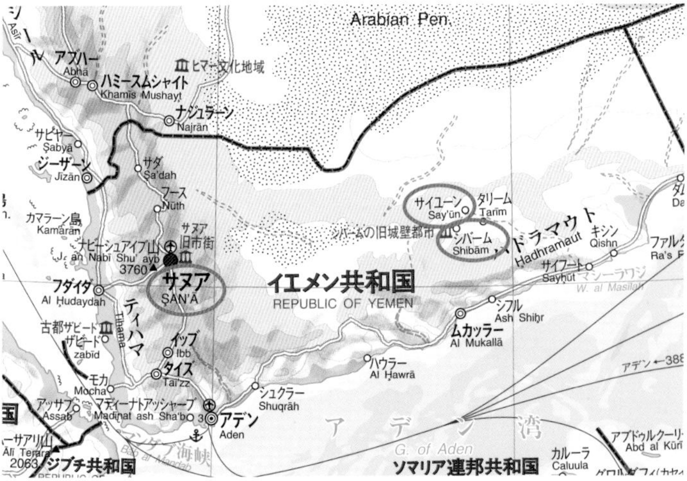

『最新基本地図 2023 』1 : 13 000 000（帝国書院）

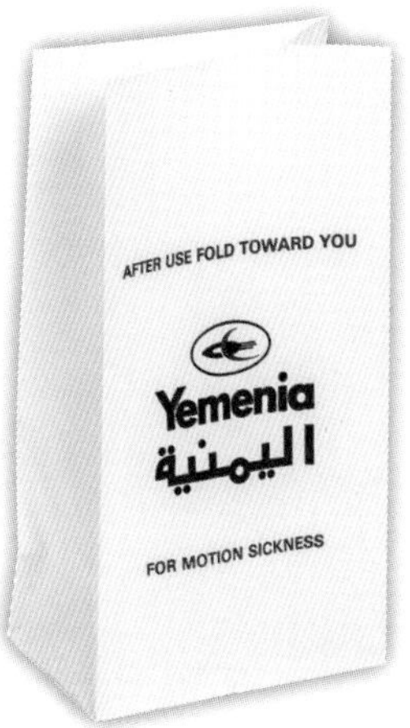

イエメン航空汚物袋
サヌア→ハルツーム（スーダン）間に搭乗。

イエメンの男性が日常帯刀するジャンビア
これは安物。高級品は鞘や刀の柄の材質などが違ってくる。天地 35㎝。

ヤバニー
ヤバニー
↑なぜ
日本人と
バレてるのか.
むしろ不満.

やはり地元民とはどこか違うのだろう。ヒゲも貧弱だし。

首都サヌアの高層建造物の置物
他地域に比べ、装飾性が高い。
高さ 8.5㎝。

ワディ・ダハールにあるロックパレスの置物
1930 年代、当時のイマーム（宗教指導者／統治者）の別荘として建てられた。高さ 30m の巨岩の上に建つ。高さ 12㎝。

サヌアの市で発見した中国製シャンプー
これってもしかしての○ピー？
(商品の顔は加工しています)

ジャンビアの描かれた魔法瓶
サヌアの市《いち》で購入した。高さ 25㎝。

イエメン版バービー似人形
昨今、日本でも人気のヘナタトゥーを施した女性。高さ 30㎝。

世界遺産、シバームの壁掛け
日干し煉瓦で建てられた５～９階建ての高層住宅 500 棟余りが文字どおり櫛比《しっぴ》するアラビア半島の異観。「砂漠の摩天楼」の異名も。幅 26㎝。

30 スーダン 戦乱の地の人々の明るさがもてなし

2002.12〜2003.1

スーダン

サヌア➡ハルツーム➡ドバイ

イエメンへの団体ツアーの訪問先にスーダンも加えられていた。当時、スーダンを巡るツアーは他に設定を見なかったので興味が湧き、イエメン、スーダン、イッ気見ツアーを選択した。

といっても訪問前まで、スーダンについて予備知識は皆無に等しく、やはり戦乱の絶えぬところというイメージしかなかった。実際訪れてみると、戦いの痕跡は大きく、ただの土塊《つちくれ》だけが無数にひろがるさまは、それまで見てきた国々の墓でも、もっとも荒涼とし、寂しいものであった。

が、人々は明るい。首都ハルツームで出会った地元女子学生（日本の高校生から短大生くらいか）の集団は底抜けに陽気で、日本人のツアー客を見て、盛んに写真撮影をねだってきた。アラブ圏の女性はおしなべて慎ましい印象だが、こちらまで嬉しくなるもてなしにあう。

観光の目玉は古代クシュ王国のピラミッド群とナイル川クルーズ。こちらのピラミッドは隣国エジプトのものと比較すべくもないほど小型で、形状も塔に近い。それらが半ば砂に埋もれるように遺っており、観光地としての賑わいも、少なくとも当時は皆無であった。わずかにゴザをひろげて土産品を売る人があり、辛うじてメロエ島の古代遺跡群の記念品を手に入れることができた。

クルーズでは青ナイルと白ナイル川の合流点を訪れる。エチオピア高原に源を発する青ナイルと、遙かヴィクトリア湖を流れ出た白ナイルが、ここハルツームで合流する。もちろん川の水に白も青もないのだが、私は遊覧船のデッキからタコ糸に括りつけた小瓶を水面に降ろし、「両ナイル合流点」の水の採集に成功した。何やってんだか――。

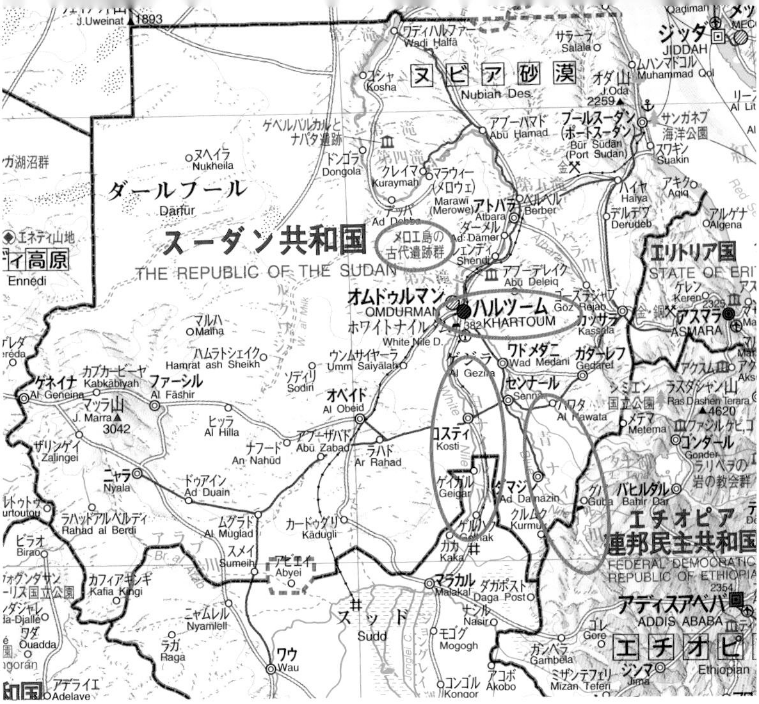

『最新基本地図 2023』1 : 18 500 000（帝国書院）

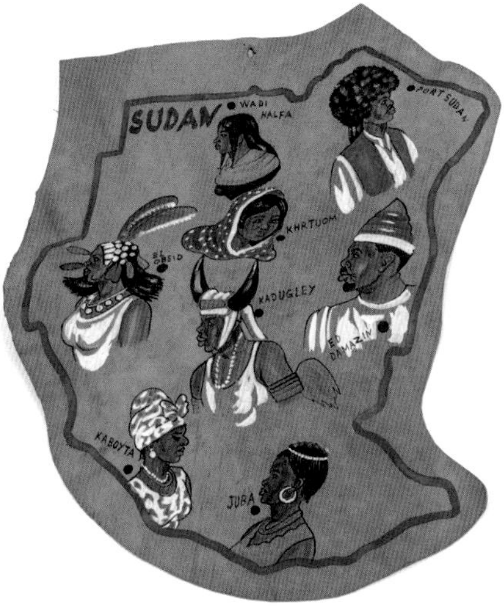

南北分離前の国内各民族を描く壁掛け
皮革製。天地 47㎝。

南スーダン分離前のスーダン全土を象《かたど》った錫《すず》の額
錫板の大きさ天地 7.5㎝。

タコ糸を括りつけた小瓶を投じ、青ナイル、白ナイルそれぞれの水を採取する。この集中力が日常生活にこそ望まれる。

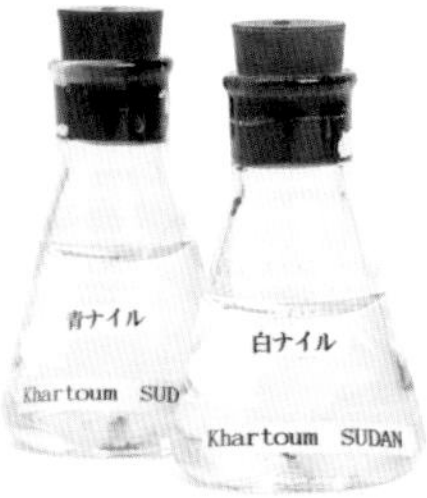

ナイル川の水
青ナイル川と白ナイル川、合流ポイント、それぞれの水。

古代クシュ王国のピラミッド
新たな観光資源として、宮殿など復元の途にある。高さ 7㎝。

遺跡に並ぶヒツジ像
遺跡付近には土産物店の類いは一切なく（当時）、ただ１人、ピラミッドの脇で布をひろげ、ごく僅かな数の土産物を売っていた。長さ 5㎝。

スーダン式コーヒーポット
高さ 10㎝。

ロバ使いの御者の置物
ロバは現在も重要な荷役動物。高さ 23㎝。

メロエの古代クシュ王国ピラミッド群
エジプトのものよりははるかに小ぢんまりしており、砂に埋もれつつあるものも。エジプトより先に、こちらを見ておいた方が賢明。

31 元偏食児童 マルタで ウサギを食す

前年一一月に父が急逝し元気のなかった母を海外へ連れ出した。ほどよく陽気のよいところがよかろうと地中海のマルタを選ぶ。結果、年寄りには歩きづらそうなローマではなく、マルタを選択したのは正解であった。

中世マルタ騎士団の国だけあり、街並みも往時の俤《おもかげ》をそこここに遺し、その中をこれまたレトロなボンネットバスがブドドド……と走り巡る。首都バレッタのあるマルタ島のものはいずれも山吹色×橙《だいだい》色に再塗装が施されているものの、逐次大陸から中古車を輸入しているのであろう。メーカーも年代もさまざまで、二台と同じ〝顔〟を持ったものがない。もはやマルタの名物となっており、玩具やポスター、Tシャツにと、種々の土産物にあしらわれている。

一方、マルタの名物料理といえばウサギ料理。シチューのように煮込むものもあるようだが、私はグリルを。ウサギは四足《しそく》動物ながら一羽、二羽と勘定するのも食べてみて納得。ほぼ鶏《とり》ですな。

アマゾンでカメピラフを食したように、やはりその土地ならではの食材を一度は試したいもの。じつは私、小学生の時分はとにかく偏食がひどく、給食の時間が終わり、五時限目、六時限目まで給食と苦闘することが、文字どおり日常茶飯であった。それが長じて、とりあえずなんでも喰ってやれ！　となるのだから、人間わからぬものだ。

「食の冒険譚」を当時の同級生女子《マダムス》に話すと「よかったねぇ畠山君、なんでも食べられるようになって」と褒めてもらえる。今では給食の無理強いなどあり得ないのだろうが、なに、大人になれば食べ物の嗜好などいかようにも変わる。無理矢理に食べさせることの無用さを今は確信しております。

2003.2〜2003.3

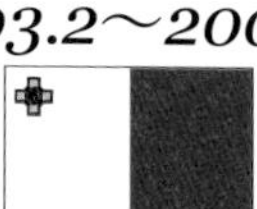

マルタ

成田↓ローマ↓バレッタ

マルタ名物旧型バスのミニカー
マルタ島は黄×橙色系、ゴゾ島はグレーで塗られる。さまざまな表情のバスの「顔」を撮っているだけでも楽しい。各4.5㎝。

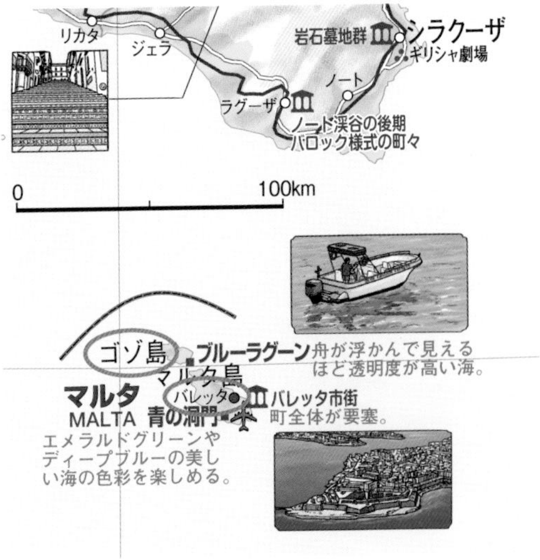

『旅に出たくなる地図　世界』（帝国書院）

マルサシュロック港に停泊する極彩色の伝統漁船「ルッツ」
実際は舳先に目がついているものが多い。長さ 9㎝。

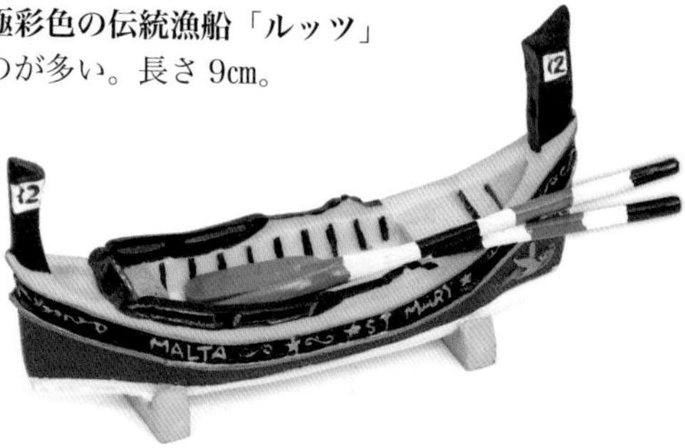

マルタ島中部モスタ・ロトンダ教会
教会建築のドームでは世界屈指の大きさ。1860 年完成。高さ 4㎝。

マルタ島の建造物
緑色の窓枠が砂色の建造物群に彩りを添える。高さ 9㎝。

マルタ騎士団
中世十字軍に従軍した聖ヨハネ騎士団を母体とする。1522 年、マルタ島に本拠を移す。幅 13㎝。

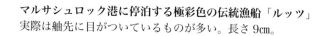

「マルタのヴィーナス」像
紀元前2800年頃。マルタ島南部ハルサフリエニ地下墳墓遺跡出土。高さ10㎝。

Mdina Gate
MALTA

マルタ島中部の要塞都市イムディーナの城門の置物
高さ12㎝。

世界遺産イムナイドラ神殿の置物
マルタは古代エジプトより古く巨石文明が栄えた。幅8㎝。

ウマし・・
クセないし やわらかい わん
読売ジャイアンツ征服!
どお? ジャビットのお肉

♪うさぎ美味《おい》し　かの島ぁ〜

32 ナスカの地上絵は酔い止め必須のハード飛行

2003.12〜2004.1

ペルー

成田⬇ヒューストン⬇リマ

南米観光の玄関口とも言えるペルーへは二〇〇三年暮れに出かけた。

「天空の遺跡」マチュピチュにチチカカ湖、ナスカとパルパの地上絵。他にもリマ郊外パチャカマ遺跡やクスコ市街、自然保護区パラカスとバジェスタス島と、ごく一般の周遊ツアーでもしこたま案内してもらえる。欲を申せば、アマゾン源流域イキトスで昆虫採集でもさせてもらえれば――。

この文字数では個々の見所を紹介しきれるものではないが、ナスカとパルパの地上絵に触れておくと、けっこうハードである、と。ナスカとパルパの広大な土漠を浅く削る、あるいは小石を退《の》けるようにして、とても地上からは拝むことのできぬような線画が千数百も描かれており、今もって新たに発見されるものもあるというから、スケールが大きい。

地上の展望櫓からも見られるらしいが、それでは何のこっちゃ解らないだろうし、通常は小型飛行機からの見物となる。これがなかなかにキツいのだ。これまで遊覧飛行はあちこちで経験しているが、ここナスカとパルパで危うく酔いそうになった。あと五分長ければまいっていたかもしれない。写真で見るほどには鮮明に見えぬ地上画もあり、それをなんとか解らせてさしあげようと操縦士氏がぐわんぐわん降下や旋回を繰り返してくださるものだから、車や船でも酔ったことがない自分でさえ、どうにかなりそうだった。

ツアー客の中には降機後もリバースを繰り返したり、意識朦朧となる方も複数あった。せっかくお目あての場所であったろうに気の毒な話だ。

なので日頃酔わない方でも、安心材料として酔い止め薬を飲んでおいた方がよいかも。あと、クモザルの◎状の尾の部分の凝視も余計目が回るのでキケンか。

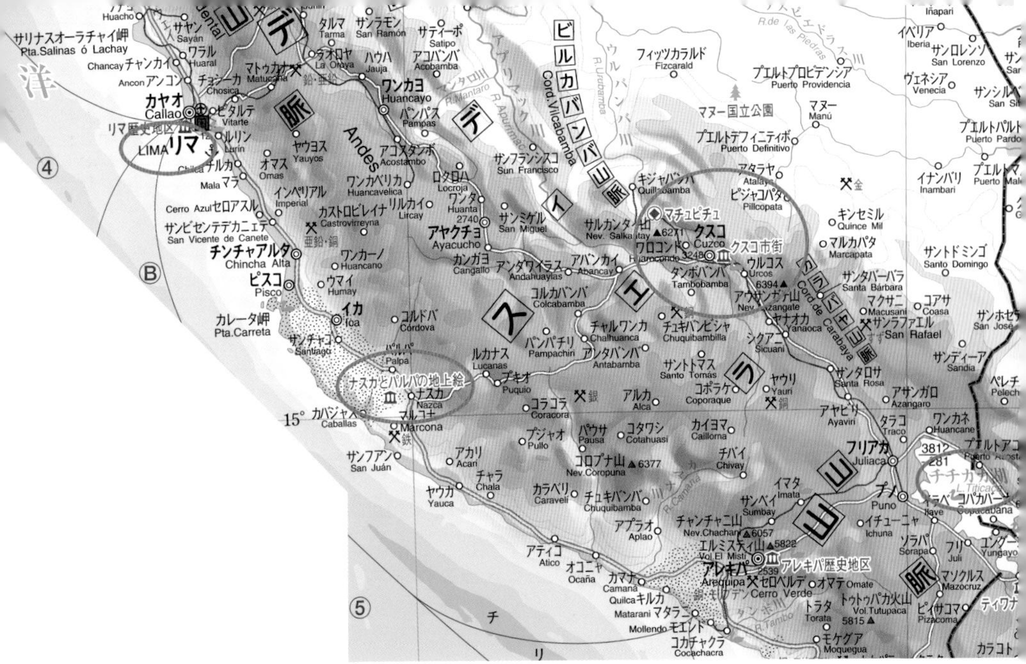

『最新基本地図 2023』1 : 8 000 000（帝国書院）

ナスカの地上絵柄
ボストンバッグ
リャマ毛製か。
25×50×25㎝。

ペルーの国の形を象ったキーホルダー

ナスカの地上絵コースターと「石ころ」（右）
多種多様な地上絵土産が売っていて楽しい。

トロ・デ・プカラ
ペルー版シーサーの一対の牛。民家の屋根の上に置かれていたりする。高さ 7㎝。

クスコの石壁模型
インカ文明の高度な石積み技術がうかがえる。8×7㎝。

マチュピチュ全景ジオラマ　幅 18㎝。

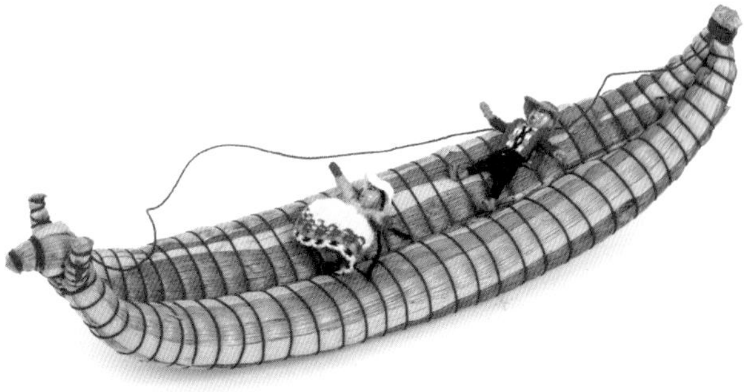

チチカカ湖上の移動手段「トトラ葦舟」 長さ 20㎝。

INCA KOLA

ペルーの国民的飲料、インカコーラ
鮮やかな黄金の炭酸飲料で、癖になる甘さ。昔のパインジュースに近い。

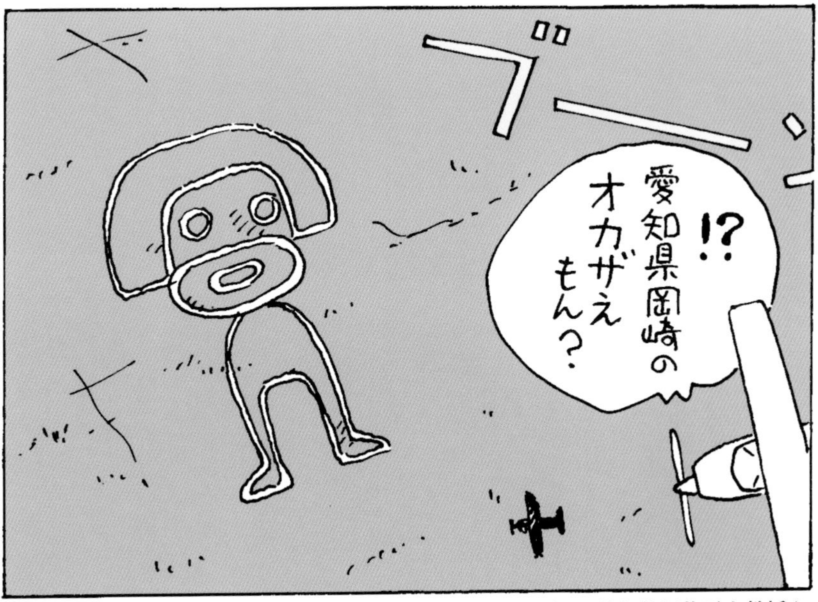
ブーン
!? 愛知県岡崎のオカザえもん？

遊覧飛行の際、もっとよく目を凝らしておけば、2022 年山形大学坂井正人教授ら研究グループが発表した「新発見」地上絵を先駆けて見つけられていたかも（？）。

イタリア・バチカン市国右往左往

2003.3

『新TVのそばに一冊 ワールドアトラス 世界・日本』
1 : 50 000（帝国書院）

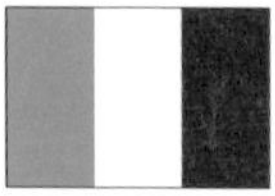

なのでイタリアへはマルタの往き帰りにローマへ、後にリビアの帰路でミラノに立ち寄っただけ。バチカン市国はローマ散歩の際、ちょいと踏み入ったにすぎない。

ローマ、トレヴィの泉。
幅 8.5㎝。

　ローマではトレヴィの泉に小銭を投じ、スペイン階段に腰を下ろしてみたりはしたけれど、コロッセオは外観を眺めたのみで、今となってはもっとしっかり見物しておくのだったと少々後悔している。

　全体の印象として、ローマは交通信号が少なすぎる。コロッセオにしても、道路を横断したくとも出来ゃしない。なので行けなかったのである。

バチカン市国、サンピエトロ広場。幅 7㎝。

　サンピエトロ広場に至り、「ひょっとして、ここバチカン市国じゃね？」と気付く。

　このミニ国家、どこまで入って行けるのだろうと案内状を見るもわからず。とりあえず大聖堂に入り、ざっくり見てまわったが、あそこを突き抜けるとかすれば、市国の内側に入れるのだろうか。

　一方、ミラノではファッションの本場ということで、ワイン色のベロア地のジャケットとお揃いの鳥打帽《ハンチング》を購入した。これが後々人生で最多着用私服となる。

　自身の3Dフィギュアもそのいで立ちを再現した。

5 ときどきオカン、東奔西走篇

2004

本篇で訪れた国

33

ハンガリー 温泉とシュークリームは日本に限る

2004.3

ハンガリー

成田⬇アムステルダム⬇ブダペスト

オカンがさらに中世の街並みが見たいと言うので、チェコを選んだ。その前にハンガリーを訪れるコース。初めてのオカンと二人だけの海外旅行であった。

数ある中で創業一〇〇年に近い（二〇一八年に一〇〇年を迎えた）首都ブダペストにあるゲレールト温泉を選ぶ。古風で豪壮なホテル内に、これまたアンティークな温泉施設がある。日本の温泉施設ならおそらく「ローマ風呂」とか名付けそうな内装。

水着着用のスパエリアにはプールのような巨大浴槽の両脇に列柱が建ち、上階バルコニーとガラス張りのアーチ屋根を支える。

オカンとは男女別のバスエリアに別れたが、言葉もノウハウもまるでわからぬ温泉で戸惑ってやしまいかと少し案じた。が、どうにかつかっているだろう。私は私で楽しむ。

「温泉名は——？」「ゲレールト温泉です」

「泉質は——？」「よくわかりませんが、濁っています。元々の泉質なのか、汚濁しているのかさえ判別しかねます」

「効能は——？」「これまたよくわかりませんが、欧州の王侯貴族たちにも愛されたようです！」

以上、往年の深夜テレビの「うさぎちゃん」温泉レポート風にお送りしました。

アイスランドのブルーラグーンもそうだったが、欧州の人の好む温泉は日本人にはてんでぬるすぎる。まぁ、それだけ長湯も可能で、股ぐらにタオルを掛け、浴槽から半身を出してチェスに興じる年配男性の姿もあった。

一方、ブダペストのこれまた古めかしい屋内市場で買い食いしたシュークリームは、味のないこと！　温泉とシュークリームは、やはり日本に限るようで。

ブダペスト市街『最新基本地図 2023』1 : 40 000（帝国書院）

ハンガリーを代表するリキュール「ウニクム」ミニボトル。50mℓ。18世紀末、皇帝ヨーゼフII世の健康を願い作られたハーブ酒。

ゲレールト温泉ホテルの偉容　ほぼ「城」だ。

民族衣裳仕様のペアこけし
高さ 13㎝。

世界遺産国会議事堂の置物
1904 年竣工。“世界一美しい国会議事堂”とも称される。
幅 9㎝。

世界的にも有名なカロチャ刺繍
カラフルな花の刺繍が定番。
直径 26㎝。

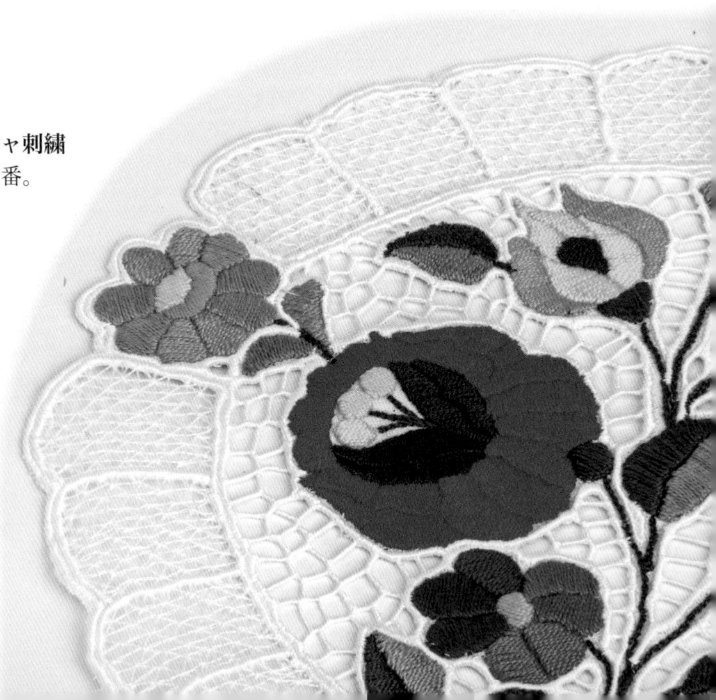

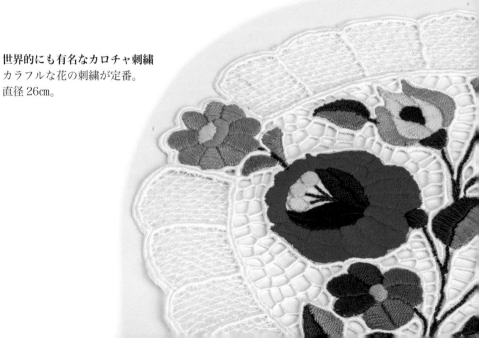

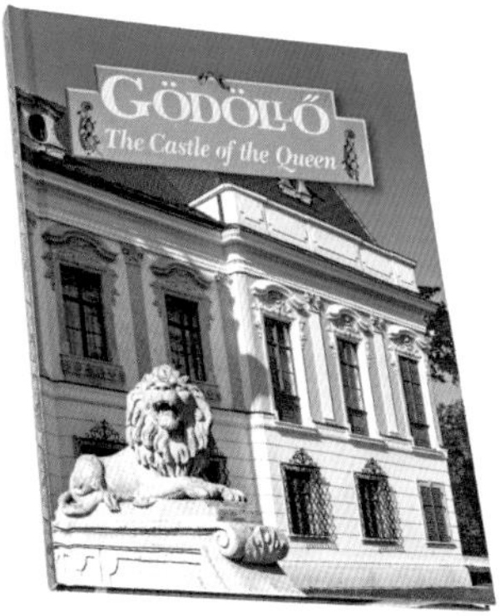

皇帝夫妻の夏の離宮として使用されたグドゥルー宮殿のガイド写真集
現在は博物館として公開されている。

ハプスブルク皇妃エルジェーベト（エリーザベト）（1837〜1898）
愛称シシィ。オーストリア＝ハンガリー帝国皇帝フランツ・ヨーゼフⅠ世皇后。

ゲレールト温泉。日本人にはやはりぬるい。浮遊物が多く思われたが、湯の花などといったシャレたものでもないようで……。

34

オカンとゆく チェコの 美しい街々

ハンガリーからオカンを伴って隣国チェコへ。首都プラハは「千塔の街」とも称され、オカンの希望が叶うと踏んでの選択。

世界最大にして最古の城とされるプラハ城、その内部の聖ヴィート大聖堂、さらにカレル橋、天文時計等々見所が比較的コンパクトにまとまっており、老母を連れ回すのにも安心できる街といえようか。

が、プラハ以上にオカンが喜んでいたのは、プラハから車で三時間ほどにあるチェスキークルムロフだった。〝世界一美しい街〟とも讃えられるだけあり、柿色の屋根瓦を戴《いただ》いた小ぢんまりした家並みが訪れる人の心を和ませる。よく「お伽《とぎ》の国のよう」とも——。かなりギュウ詰めのはずだが、それでいて猥雑さを全く感じさせないのはその色合いゆえだろう。ここらは中欧の旧い街ならではか。

そのチェスキークルムロフの広場（といっても、これも小ぢんまりしたものだが）の四周をぐるり囲む建物の陶製ミニチュアを売っていて、その幾つかを買った。教会や塔、伝統的民家など建築物のミニチュアも私の蒐集対象なので、これは嬉しい。いっそのことコンプリートして、我が家にチェスキークルムロフの家並みを再現させればよかったと、今さらながらに残念がっている。

が、この街、美しい光景とは裏腹に、元々の住民ロマへの差別が強く残っていた土地という側面も付記しておきたい。

そしてプラハへの帰路、チェスケーブジェヨヴィツェのビール工場に立ち寄り、作りたてのチェコビールで喉を潤す。まぁ、オカンと二人で行くところでもなかったけれど。

2004.3

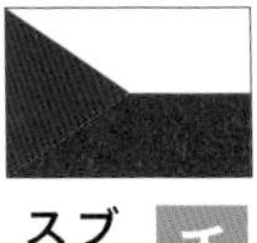

チェコ

ブダペスト↓プラハ↓アムステルダム

『最新基本地図 2023』1 : 4 500 000（帝国書院）

プラハ市街
『最新基本地図 2023』
1 : 35 000（帝国書院）
× 0.83

プラハの観光名所のひとつ、旧市庁舎天文時計のミニチュア
毎正時、上部のからくり人形が現れる。高さ 12cm。

プラハ城内、黄金小径に在る「カフカの家」
1916 年から短期間ながら文豪カフカが居住した小さな家。幅 5cm。

世界遺産プラハ城の置物
創建は 9 世紀。中心はゴシック様式の聖ヴィート大聖堂。高さ 10.5cm。

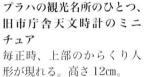

500 コルナ紙幣
19 世紀の国民的作家ボジェナ・
ニェムツォヴァーの肖像。

**かたやチェコで最も美しい城とされ
る南ボヘミア、フルボカー城の置物**
奥行 20㎝。

チェスキークルムロフ城
チェスキークルムロフ城（右：高さ 7.5㎝）と
歴史地区の建物群ミニチュア。

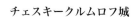

民族衣裳人形ペア
高さ各 17㎝。

プラハのミニ額絵
プラハ城とヴルタヴァ（モルダウ）川にかかるカレル橋。8×7㎝。

今は亡き母と
チェスキークルムロフにて。

35 社員旅行でブータンの服を着て蕎麦を食す

2004.9

ブータン

成田↓バンコク(タイ)↓パロ

新任のアシスタント采田とカミさんを伴っての我が社の社員旅行でブータンへ。国王夫妻が来日されるなど、今では日本と馴染みの国のひとつとなっているが、そうなる直前の頃か。

「幸せの国」と接頭語のように語句を冠せられる国だけあり、なるほど、ヒマラヤ山脈の麓、まことにしっとりと落ち着いた国であった。九月の下旬、早いところでは紅葉も始まっており、またあちこちの民家の庭先や屋根の上で真っ赤な唐辛子が天日干しされていて、国全体を暖色に彩る。

そこへ加えて、国民皆着といえるほど、皆一様に暖色系の民族衣裳（女性用「キラ」、男性用は「ゴ」）を着用しているので、いっそう秋色が支配的となる。この文章を書くにあたり、キラ、ゴを画像検索してみたが、最近では従前になかったようなカラフルで自由な色合いのものもウケているようだ。少なくとも当時は全く目にしなかったけれど。

となれば、私もやはりゴを一着、街の洋品店（邦品店というべきか）で買い求めた。ブータン観光には当時、個人旅行でもガイドをつけなければいけない規則になっており（二〇二二年九月、この制度は廃止された）、そのガイド氏に着付けをお願いした。

日本の丹前に似るが、やはり最初は着せてもらった方が賢明だ。二日目以降は自分で着たが、やはりどこかおかしいのだろう。一発合格の日はなく、必ずガイド氏の手直しが入った（イラスト）。

その民族衣裳の他、ブータンには日本とよく似た点もあり、こちらでは蕎麦食も盛ん。ただ、麺は長く打ったままではなく、最終的に短くブツ切りにする。なのでつるつると啜るわけにはいかないが、つけダレを通せばなるほど蕎麦だ。啜る際の音に嫌悪感を催す欧米人には、ブータン蕎麦の方がお好みかもしれない。

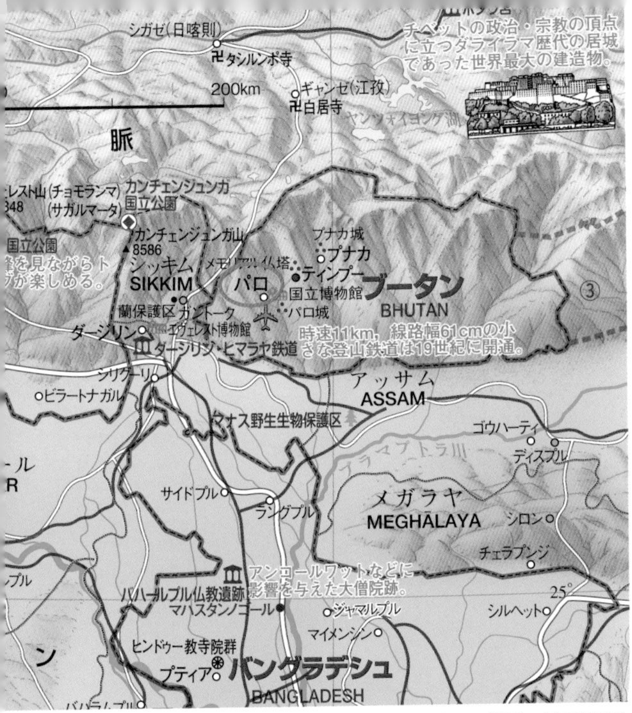

『旅に出たくなる地図　世界』（帝国書院）

チベット仏教のマニ（摩尼）車
内部に経を納めて回転させると、回転させた数だけ経を唱えたのと同じ功徳があるとされるありがたいお品。高さ 16㎝。

ブータンのヤク
ブータンではヤクに会えなかったが、同名の誼《よしみ》で購入。体長 12㎝。

国旗にもあしらわれている雷龍《らいりゅう》の彩色木彫り　長さ 23㎝。

男性の民族服「ゴ」を購入
無難に着こなせたと自認したのだが……。

女性服「キラ」
訪れた当時は老若男女ほぼ100%、民族服を着用していたが、現在はどうなのだろう。高さ25㎝。

チベット仏教幟旗《のぼりばた》
房の先までの長さ64㎝。

マハーカーラ面
仏教、ヒンドゥー教の共通の神。王冠に５個の頭蓋骨を飾る。幅9.5㎝。

RED PANDA
WEISS
BEER
Produced by

ブータンのパンダ・ビール
食堂で「ファンタ」を注文したが、発音が悪かったようで、出されたのは「パンダ」ビール（ブータン製）。ラベルが可愛かったので、むしろ喜んだ。

ブータン人ニ笑ワレテシマウヨ
今日も直された～♪
今朝こそ完璧だと自負したのに～

トランジット+ジャーニー

タイのTシャツはヘロヘロ感が命

2004.9

『最新基本地図 2023』1：15 860 000（帝国書院）

タイを最終目的地として訪れたことはないのだけれど、前項のブータンや、ミャンマー、ラオス等他の東南アジア諸国へ行った際に、幾度か宿泊している。バンコク市内はひととおり観光しているし、ラオスから陸路で入国した際には、国境近くの街ウボンラチャタニにも立ち寄っている。数年前、熊本の美熟女がタイ人愛人のために家を建ててやったことで、突然この地名が報道で流れたりもした。

タイの観光名所の筆頭格は絢爛《けんらん》たる仏教寺院ということになろうが、実目的でいえば、私の場合、Tシャツ探しだ。先日、極度の円安に乗じて来日した米国人客がTシャツを爆買いして喜ぶインタビュー映像がテレビで流れていた。まさにそのノリで、「だって（当時の）バンコクじゃ、Tシャツが二〇〇円なんだぜ！」。

毎夏の数カ月、週イチで着て18シーズン。今も現役で稼働するタイ製Tシャツ。人生で最も着用している一着。薄手で着やすい。

空港の土産物店やキチンとした店ではもちろんそれなりの値段がつけられているのだが、市場の周りにあるような地元民《ジモティ》ユースの店などでは格段に安くなる。そのような店の店先に乱雑に山積みされたTシャツ群の中から、普段着用、土産物用にしこたま買っても高《たか》が知れている。

その中の一着は外着、部屋着、パジャマ代わりとそれこそ数百回は着ているが今も現役。ヘロヘロ感が最高の着心地である。

6 日本あちこち大物産展篇

日本篇では土産物品を中心に、各都道府県（本冊では都道府は扱っていないが）になんらかの所縁《ゆかり》のものを家の中からピックアップしてみる。

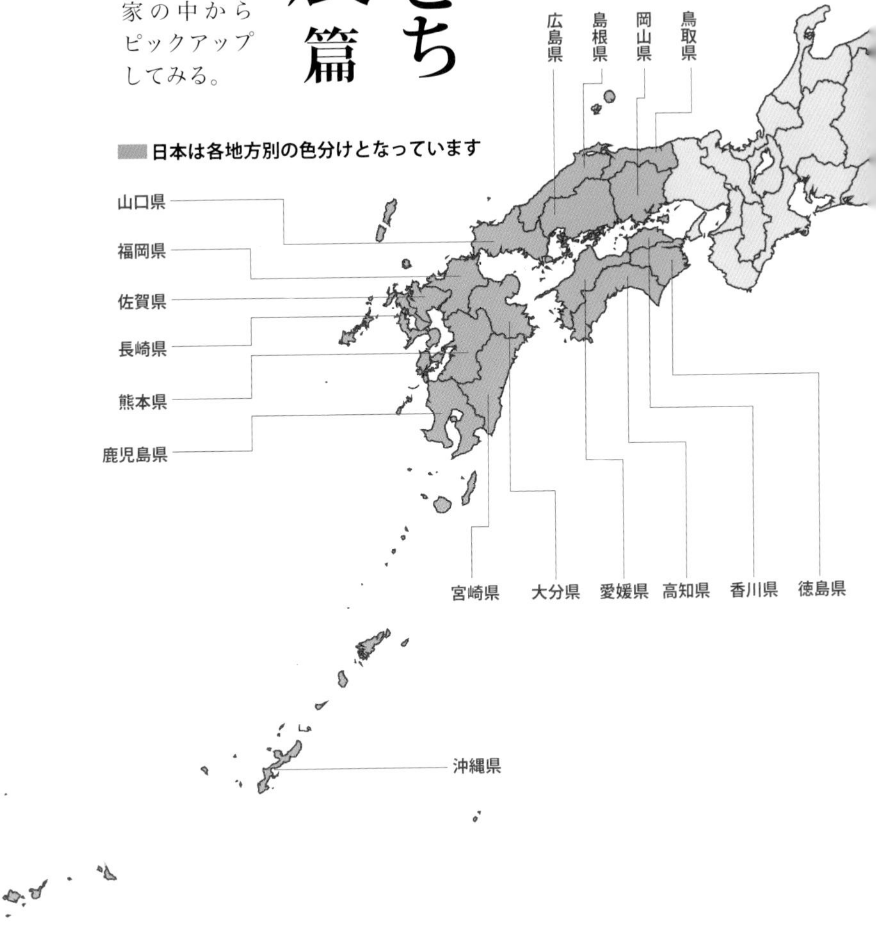

36 九州・沖縄

全国各地有名郷土人「ジモキャラ」案

海外旅行は既に失効したパスポートを見れば、出かけた日付もわかるし、撮ってきた写真も今どき殊勝に紙焼きの上、アルバムに貼っているので訪ねた先も詳細にたどることができる。それに比して国内はいつ旅したかも記憶が曖昧だし、写真の一枚も残っていない場合も少なからずある。なので日本は編年ではなく、地方ごとにまとめて印象に残っている事がらを記しておくにとどめたい。

＊　＊　＊

沖縄県へは、漫画家初期の頃、毎年のように一人で昆虫採集に出かけていた。本島北部ヤンバルの立ち入り可能な地域や、石垣島、西表島などがフィールドで、主にチョウ類を追いかけた。特に初訪問の思い出は鮮烈で、図鑑でしか見たことのなかったシロオビアゲハやオオゴマダラ、ツマベニチョウ等の大型種が普通に翔んでいるのに興奮したものだ。二度目以降はさらにマニアックな種類を狙い出す。

どの島でもレンタカーを借りて採集地を巡ることになるが、石垣島於茂登《おもと》岳の山中で車がスタックしてしまった。深く掘れた溝に嵌《は》まってしまい、どうにも脱出できない。当時島にはＪＡＦなどあろうはずもなく、そもそも携帯電話が登場する前の時代。麓の集落までようよう歩いて、駐在さんに助けを求めた。

もっとも多く訪れているのは大分県で（それでも一〇回にも達していない）、別府と縁がある。別府を一大温泉郷として整備した油屋熊八に着目し、全国各自治体の自慢の郷土人を「ゆるキャラ」の向こうを張って売り出すアイディアを出したりもした。名付けて「ジモキャラ」。よい発想だと思ったが、拡まることはなかった。盛り上げ方次第では面白いと思うのだがなあ。

『最新基本地図 2023』
1 : 4 600 000（帝国書院）
× 0.85

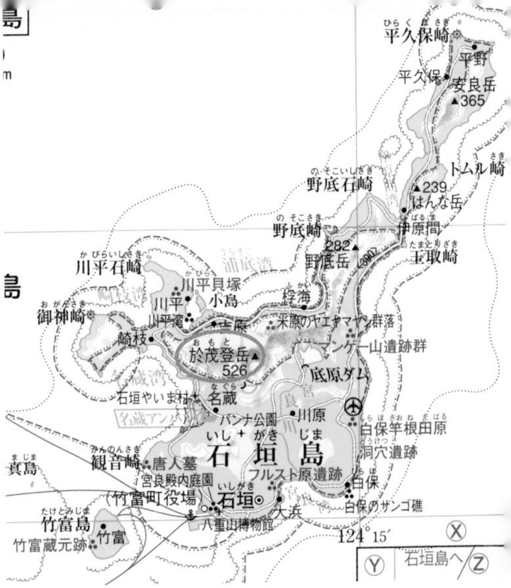

『最新基本地図 2023』1 : 500 00
（帝国書院）

【福岡】

かの「金印」

今から30年以上前のある日、実家の前に停めた自転車のサドルの上に置かれているのを発見、スワッ！　本物かと色めき立った。近年になり、歴史漫画本セットの特典と判明。なぁ〜んだ。

『学研まんが　NEW 日本の歴史』特典

【長崎】

五島出身、柏鵬時代に活躍した横綱
佐田の山

のち、日本相撲協会理事長の座に就いた。平成29年没。横綱昇進を決めたサイン入り。

「相撲」1965年2月号
Ⓒベースボール・マガジン社

【佐賀】

佐賀県の自虐ネタでブレイクしたお笑い芸人はなわ自筆の「S・A・G・Aさが」揮毫。

【鹿児島】

平成11年に亡くなった大相撲元小結大翔鳳の慰霊旅行で訪れた屋久島

「元気になったら縄文杉に会いに行こう」――故人との約束であった。

【大分】

不世出の大横綱双葉山

生家は宇佐市に現存。

【宮崎】

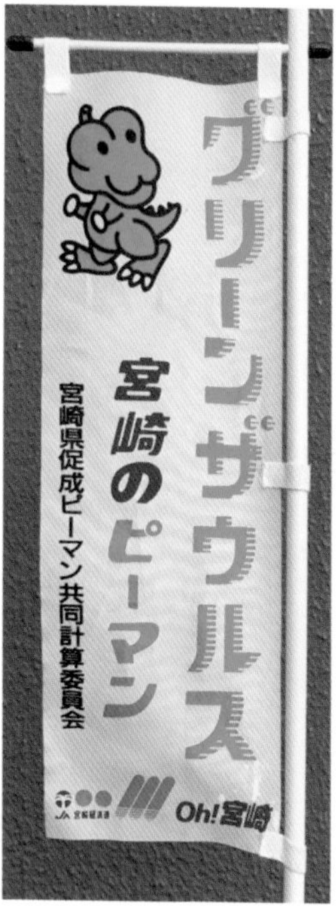

ＪＡ宮崎経済連　グリーンザウルスの卓上幟《のぼり》

宮崎県はピーマンの収穫量全国２位。シンボルキャラクター「グリーンザウルス」は顔がうまいことピーマンになっている！　余談ながら私、ＪＡグループの「日本農業新聞」にヒトコマ時事漫画を連載して20年以上になる（現在は隔週土曜掲載）。

【鹿児島】

東郷平八郎
鹿児島市多賀山公園内の像のミニチュア。元の銅像は雨田光平作。高さ 13cm。

西郷隆盛のこけし
愛犬「ツン」を連れた着物姿の西《せ》郷《ご》どんは東京上野の山のイメージ。高さ 9cm。

【熊本】

伝統玩具「木の葉猿」(玉名市)
彩色が施された古いもので戦前期か。カミさんの実家の旧蔵品。右端の欠けは私が補修した。左右 13cm。

【沖縄】

伝統的家屋「赤瓦家《あかがーらやー》」
屋根の上にはシーサー。左右 11cm。

鹿児島市出身のカミさんは桜島の状況をリアルタイムで知らせる映像チェックに余念がない。

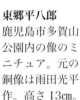

37 四国各地 いずれも思い出深い土地

高知県四万十市の「ふるさとPR大使」を拝命して、コロナ禍前までは毎年のように伺っていた。私の故郷というわけではないが、通ううちに第何番目かの故郷のような存在になっている。四万十市にはトンボの生息環境保全のために造られた「トンボ王国」があり、国内最多級の多種のトンボの産地としても知られる。が、この楽園にも至近に住宅地が迫っており、造営四〇年余年を数えて土地の乾燥化が進みつつあると、同園生みの親杉村光俊氏は懸念する。

香川県は小豆島《しょうどしま》が想い出深い。壺井栄の小説『二十四《にじゅうし》の瞳』の舞台。発表の二年後に木下惠介監督のメガホンで映画化され、「史上最も日本人を泣かせた映画」として、なお有名に。

本土からの船着き場である土庄《とのしょう》港にその像が建てられているが、私なんぞその像をひと目見ただけで、もうダメ。それどころか、その像を思い起こして筆を進めているだけで、今ももうダメ。どれだけ泣かせてくれるのか『二十四の瞳』――。

ただ申し訳ないが、何度目かの映像化となった二〇一三年テレビ朝日版では途中、吹き出してしまった。身長一七四センチの大石先生が島の学童たちに「おおいし　こいし」とからかわれるシーンは原作のまま。どう見たって「こいし」とは呼べぬ。当時の日本人女性の平均からしたら、それこそ雲を衝くような高身長だろう。そこは「おおいし、おおいし！」だろ（笑）。

愛媛県は大洲《おおず》。ホンジュラスの項は次篇（仮）に譲るが、ここには日本には珍しいホンジュラス珈琲専門店がある。私が大洲を訪れた時、たまたま駐日ホンジュラス大使が来訪されていて、思わぬ所でホンジュラス談議に花が咲いたのもよい想い出。

残念ながら徳島県のみ未踏。すぐにでも行きたい！

『最新基本地図 2023』1 : 4 600 000（帝国書院）　× 1.26

【香川】

百貨店老舗「三越」の包装紙「華ひらく」

その原画を描いた猪熊弦一郎は高松市出身。丸亀市には猪熊弦一郎現代美術館が建つ。

右：金刀比羅宮（琴平町）、
左：屋島寺・蓑山大明神
（高松市屋島）の絵馬

小豆島

土庄「平和の群像　二十四の瞳」の置物。彫塑家矢野秀徳作。
左右 16㎝。

道後温泉本館

【徳島】

「阿波おどり人形」
踊る阿呆に見る阿呆。
そのまた人形買う阿呆
(亡父の土産品)。
高さ 22.5㎝。

【愛媛】

「坊ちゃん」人形
ぞなもし。
高さ 23㎝。

【高知】

高知市桂浜に建つ坂本龍馬像のミニチュア
基本中の基本ですな。元の銅像は本山白雲作。高さ 10㎝。

カツオ人間。

「カツオ人間。」楊枝入れ
ゆるキャラを超えたキャラで大人気。高さ 9㎝。

高知名所先代「はりまや橋」欄干の現物！
保存されていた地元名士よりご寄贈いただいた。26㎝ ×20㎝ ×17㎝（突起部を除く）、重さ 4.4kg。

【徳島】

昭和 33 年夏、徳島商業高校のエースとして甲子園に出場した板東英二投手
大会通算 83 奪三振の記録は今も破られていない。
板東さんの写真が表紙を飾ったルーキー当時の雑誌にサインをいただいた。

やく君 ワシ、ホンマに凄かったんやで 甲子園で三振ナンボ取ったか知ってる？
もちろんよく存じ上げております

㊳ 宮島、錦帯橋 まさかのW修復中

中国地方はあまり伺う機会がなかったのだが、結婚記念日の小旅行で二年連続で玉造《たまつくり》（島根県）、三朝《みささ》（鳥取県）の各温泉を訪れるなど、このところ意識的に出かけるようにしている。

玉造温泉に行った際にはあえて出雲大社をスルーし、日御碕《ひのみさき》神社から雲州平田を巡るコースを選択。大型観光施設を横目にひっそりと展開している土地を覗いてみるのも面白い。平田は醬油の醸造が盛んなようで、老舗蔵元で丁寧な解説をいただくなどした。

三朝温泉投宿時には、こちらはベタに三徳山三佛寺へ詣でたが、投入堂《なげいれどう》までは年齢的に無理とあっさり判断。麓を走る県道21号線のごくピンポイントから、杉木立の間から投入堂を仰ぎ見ることが出来るので、そちらからの遙拝でヨシとした。あと二〇年早く足を運ぶべきであった。

また、日本がコロナ禍に見舞われる直前の、中国ウーハン（武漢）で謎の感染症が発生したと報じられ始めた頃、ＮＨＫ広島放送局の仕事で広島へ。そのついでに宮島へ足を延ばしてみる。私はそもそも宮島を離島とさえ知らず、市電の終点から船に乗り換える段に、静かに興奮した。港の係の人に尋ね「右舷の席に座るとよい」と聞いたのだが、島に近くなってもあの鳥居が見えて来ない。あるべきはずの海上に代わりに巨大な直方体が見える。なんと嚴島神社の大鳥居*は修理工事中で、灰白色のシートですっぽり覆われていた。

が、それだけでは済まなかった。さらに広島駅とは逆方向の電車に乗り岩国へ。ここでも錦帯橋、まさかの修復中。この二大史蹟W修復中の姿を同日に拝めるとは逆に奇跡的と、あくまでポジティブにとらえて自分を慰めたのだった。

＊令和四年一二月、三年半ぶりにようやく修理工事が完了、覆いがはずされた。

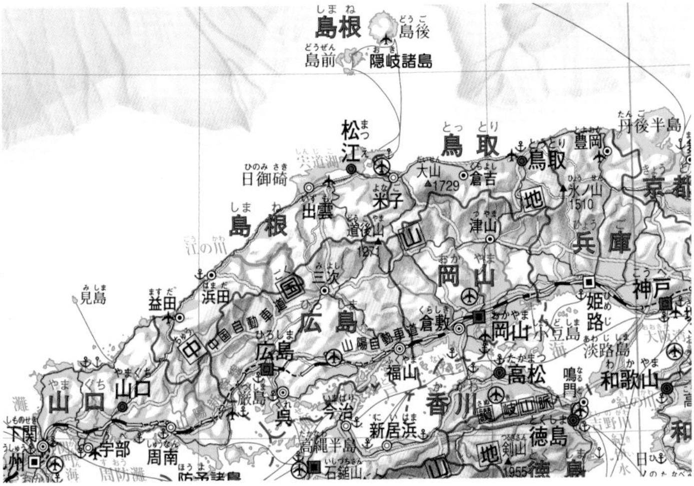

『最新基本地図 2023』 1 : 4 600 000
（帝国書院）

【鳥取】

鳥取砂丘スノードーム
土産品の定番として、
まずコレを探す。

倉吉市郷土玩具
「はこた人形」
JR 倉吉駅交流ホール 2F 入り口には 1m 級のものが客を迎える。
高さ 18.5㎝。

【島根】

日御碕灯台の貯金箱
実物は白亜の石造灯台。犬吠埼灯台で買ったのと同じ型から造られた貯金箱。
高さ 18.5㎝。

安来節
どじょうすくい人形。
高さ 11㎝。

【広島】

チームの主力がチームの主力であり続けた時代

相次ぐFA転出、メジャーリーグ挑戦にも臆することなくカープは奮戦する。

【岡山】

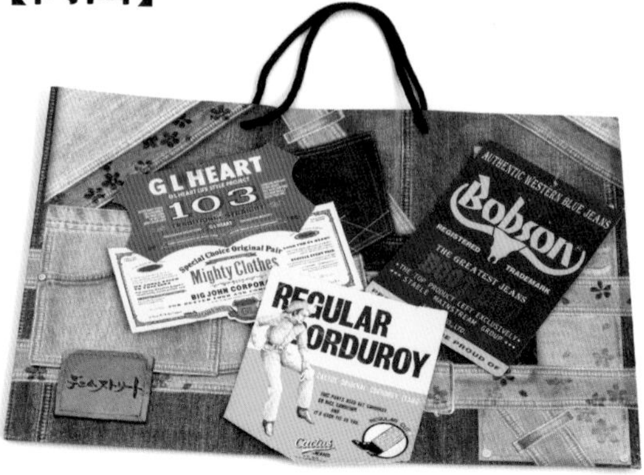

岡山県といえばデニム

「ビッグジョン」（倉敷市発祥）、「ボブソン」（岡山市）、「カクタス」（井原市）の各タグ。後ろは倉敷美観地区内「倉敷デニムストリート」の紙袋。

日本三景　宮島　嚴島神社

左は修理中のグレイッシュな姿。2020年2月撮影。

左右13㎝。

【山口】

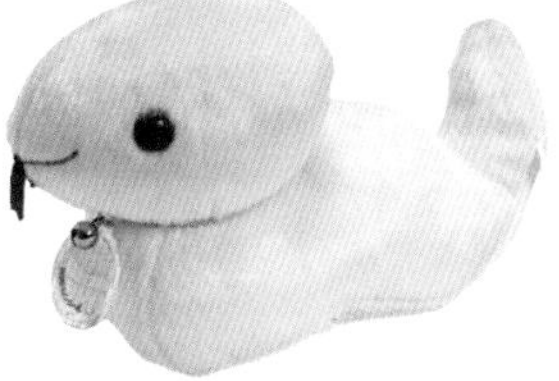

岩国市の「招福しろへび」のぬいぐるみ
岩国市では、国の天然記念物シロヘビに寄せる愛着が深く、瑞兆、神の使いとして崇め大事にしている。これは岩国白蛇保存会によるもの。横 22㎝。

越前竹人形風（？）竹製錦帯橋
左右 24㎝。

昭和 18 年 6 月 8 日、柱島泊地に停泊中、謎の轟沈を遂げた戦艦陸奥の記念品
海底から引き揚げられた鋼材の一部で作られた記念品。

劇的好物チェンジの旅

　一九九〇年代の中頃、大相撲の北九州巡業のロケ取材のときだったか。博多の居酒屋でイカ刺しを食した。店には生け簀《す》があり、生きたイカが泳いでいる。今では輸送技術の発達で東京でも同様の食べさせ方をしている店も珍しくなくなったが、当時は十分にインパクトがあった。
　そのイカの活《いけ》造りで、それまでのイカ観が一変。新鮮なイカとはかくもプキプキと旨いものであったのか！　白くくたびれかけたイカ刺しはただグニグニしているだけで、さして旨いものとも思っていなかったのだが、この衝撃で大好物になってしまった。
　一撃で嗜好が一八〇度変わってしまう経験はままある。フィジーでタコが好きになったし、豚の角煮が劇的に好物に昇格したのは長野県蓼科だった。
　その反対にハズしてしまうときもある。青森県の某所にいかにもな風情の寿司店を発見。ここぞと狙いを定めて入ったが、マグロ赤身があろうことかシャーベット状。寿司メシはシャリとはいうが、マグロがシャリッとしていては話にならない。二、三貫つまんで早々に退出した。
　また能登某所の食堂。こういう店が旨いのヨと意気揚々と入店し、玉子丼を注文するも、味がしない！　申し訳ないが、周辺の住民にいたく同情したことも――。

イカがゴムっぽくないっ!!
プキプキ

あとがき

いかがでしたでしょう。何やってきてたんだ、この夫婦は――、といったところではありますまいか。けれど陳列できたのは買いまくったモノのほんのごく一部。この一〇〇倍、いやもっとあろうかという品々が我が狭小住宅の居間といわず、書庫といわず、トイレといわず、それこそ家中に並べられている。特に木彫面を配した一階トイレに初めて入る客人は大概声を上げますからね。

ところが巻頭の見返し地図をご覧いただければおわかりになるように、本書では訪れた国のまだ三分の一しか紹介できていない。むしろその後の中、後期にこそ旅に拍車もかかるわけで、いきおい購買意欲も際限なくなり、帰路は大荷物を抱えて家路につくことになる。私としてはすぐにでも続刊の執筆にとりかかりたいところなのだが、それもあるかどうか、実は不透明なのであった。

帝国書院さんにしても行きがかり上、コラボすることになってしまったけれども、こんなにブツ撮りを要請されるとは思っていなかったろう。大小三〇箱に及ぶ段ボール箱を東京・神田神保町の本社に搬入した際の、あのア然とした編集部諸氏の表情が忘れられない。もう、こんな手間のかかる書籍の制作はたくさんだ、第一、商売にもならないと判断されれば、続刊などあり得ぬ話となってしまう。もったいないなぁ、ここからが面白くなってくるのに、とせいぜいもったいつけておこうと思う。

それにしても、だ。体力と資金の続く限りエキセントリック・ジャーニーを続けるつもりでいたのに、まさか感染症の世界的蔓延で計画が大きく頓挫するとは思いもしなかった。単純に全独立国の数で見ても、ようやく半分、一〇〇か国を超えたところでしかない。それなのにかくも長き行動制限を強いられることになろうとは。

もちろん利用していたツアー会社もコロナ前と変わらない程度に辺境旅行を再開、催行し始めているのだけれど、私どもは根が慎重なものだから、明けて二〇二三年以降もまだ再開に踏み出せずにいる。ツアーに参加したはいいものの、訪問先で新型コロナウイルス感染の陽性反応が出たらどうする？　訪れるとすればいずれも医療、療養体制の整っていない地だ。そこで罹患しようものなら、それこそ前期後齢者に足を踏み入れようとしている私どもなら命にかかわってくる。

しかしコロナ禍で海外旅行に出かけなくなった時は、近隣の土地への日帰り旅行や、世界各地の料理を都内や近郊で食べて巡《まわ》ることに新たに面白みを見出した。ここのところは埼玉県の寄居《よりい》から長瀞《ながとろ》、川口市安行《あんぎょう》、茨城県笠間、牛久、都下五日市《いつかいち》あたりへ出かけたが、いずれも通勤圏かそのごく先の土地なのに、赴く先々で新しい知見を得て喜んでいる。

「食の世界旅行」では二〇二三年正月、川崎市のコリアタウン「セメント通り」での焼肉三昧を皮切りに、立て続けにメキシコ、ハンガリー、スリランカ、チリと巡り、世界二周目も順調なすべり出しを見せている。ただ、各国料理を巡る近場旅に私はひと工夫。日本国のパスポートに色やデザインを模した小型のノートを見つけ、そこに訪れた店のマークやレストランカードなどの印刷物を貼り、訪問した日付や国名を入国スタンプ調に書き入れる。すると本当に旅をしている気分にもなる。こちらもいずれ披露できればと考えております。

二〇二三年二月

やくみつる

参考文献

『アフリカを知る事典』　伊谷純一郎他監修　平凡社

『早わかり　世界の国ぐに』　辻原康夫著　平凡社

『地球の果ての歩き方』　地球の歩き方編集室編　発行：地球の歩き方　発売：学研プラス

『地球の歩き方フロンティア　西アフリカ』　地球の歩き方編集室編　ダイヤモンド・ビッグ社

『ニューギニア高地人』　本多勝一著　朝日新聞社

『マチュピチュ――写真でわかる謎への旅』　柳谷杞一郎著　雷鳥社

『皇妃エリザーベト』　カトリーヌ・クレマン著　塚本哲也監修　創元社

『学研の図鑑　世界のチョウ』　大島進一著　学習研究社

『Eurasia news 』各号　ユーラシア旅行社

『西遊通信』各号　西遊旅行

『DODO WORLD NEWS』各号　道祖神

その他　適宜 Wikipedia

協力

（株）サンリオ / （株）Gakken/ （株）ベースボール・マガジン社 / 出羽海部屋 / 双葉山資料館　双葉の里 / （株）ケイダッシュステージ / 岩国白蛇保存会 / ＪＡ宮崎経済連 / 屋島寺 / （株）三越伊勢丹ホールディングス / （株）山西金陵堂 / はこた人形工房 / 倉敷デニムストリート / （株）ボブソンピーチフォート / タカヤ商事（株）

日本音楽著作権協会　（出）2301731-301

著者（文・画）　やくみつる
漫画家。1959 年東京都生まれ、早稲田大学卒。日本昆虫協会副会長。大相撲・野球・漢字などについての該博な知識を活かした漫画作品や著書が多い。そのかたわら秘境を中心に 100 か国を超える世界の国々を訪れ、その体験は漫画『やくみつるの秘境漫遊記』（文藝春秋）としてまとめられた。旅ではさまざまなジャンルの土産物を入手。地図情報センター発行・帝国書院発売の『地理トレ』でも問題の提供と解説をおこなっている。著書に『雑学の威力』（小学館新書）『やくみつるの小言・大言』（新日本出版社）『やくみつるの昆虫図鑑』（成美堂出版）ほかがある。

カバー・表紙・扉　やくみつる＋片岡忠彦（ニジソラ）
本文デザイン　金子裕
本文撮影　若林直樹（STUDIO 海童）
編集協力　帝国書院

やくみつるのエキセントリック・ジャーニー

令和 5 年 3 月 28 日 印刷
令和 5 年 4 月 3 日 初版第 1 刷発行

著　者　やくみつる（文・画）

発行所　一般財団法人 地図情報センター
〒101-0051 東京都千代田区神田神保町 2 - 5 神保町センタービル 5F
電　話　03（3262）1486　FAX 03（3234）0872

発売所　株式会社 帝国書院
代表者　佐藤 清
〒101-0051 東京都千代田区神田神保町 3 - 29
電　話　03（3261）9038　FAX 03（3234）7002
振替口座　00180-7-67014

印刷・製本所　株式会社 東京印書館

ISBN 978-4-8071-6671-8 C0026